梦山书系　"新时代课堂教学深化改革"丛书　丛书主编◎余文森　陈国文

以大概念为本的大单元教学实践探索

莆田市实验小学◎编写

海峡出版发行集团 | 福建教育出版社

丛书编委会

主　　　任：彭鲤芳　余文森
副　主　任：曾国顺　柯健俊
委　　　员：陈国文　刘家访　章勤琼　李功连　龙安邦
　　　　　　刘洪祥　方元山　胡　科　杨来恩　郑智勇
　　　　　　李政林　蔡旭群　丁革民　白　倩　程明喜
　　　　　　陈国平　魏为燚
总　主　编：余文森　陈国文
副总主编：刘洪祥　胡科　杨来恩　李政林　郑智勇
总主编助理：陈国平　魏为燚

本书编写人员

主　　　编：陈建洪　陈秀娟　刘洪祥
核心编写成员：陈荔英　张丽丽　林碧英　游芳兰　陈　琳
　　　　　　连鲤颖　李素彤　罗易珠　梁赛香　陈晓军

总 序

余文森

2022年3月教育部印发了国家义务教育阶段新的课程方案和16门课程标准。福建省莆田市教育局为了落实新课标，推进基础教育高质量发展，决定与福建师范大学联合开展新课标样本学校和领头雁培育项目研究，在全市遴选20所学校和100名教师作为样本，在福建师范大学专家团队的引领下开展新课标实施研究，打造一批落实新课标的示范学校和造就一支落实新教学理念的名优教师队伍。

我荣幸地担任福建师范大学专家团队的负责人，每个月带领团队成员分赴20所样本校开展调研与指导。我曾从2014年开始全程参与了普通高中和义务教育阶段的新课标修订，对新课标新理念新精神新追求充满了憧憬和期待，现在正好借着这个项目来变理想为现实、变理论为实践、变蓝图为成果。这个过程同样是充满挑战的过程，是课程改革更为重要的阶段。目前这个项目就成为我当下的主要科研工作了。

作为一个项目，它一定有其任务和目标的指向性。具体来说，就是如何有效指导样本校的改革，让新课标真实、深刻地在学校发生，使之尽快地出经验出成果出品牌，尽早地成长为实施新课标的样本和典范，从而发挥示范和引领作用并带动其他学校。如同我们大学教授带研究生一样，我们认为要做好这个项目最关键的环节是帮助各个学校确立自己的研究方向和主题。这些研究方向和主题从哪里来呢？毋庸置疑，它们来自于新课标，是新课标教学改革的重点、难点和支点。我们从中梳理了以下问题：如何确立和编写核心素养教学目标？如何基于核心素养教学目标开展教学？如何推进从以教为主走向以学为主、建立新型的学习中心课堂？如何构建适应学生差异的个性化教学体系？如何实现育人方式从"坐而论道"转向"学科实践"、构建基于学科实践的课堂新样态？如何实现教学内容的统整化、实现基于大概念的大单元教学？如何有效推进跨学科主题学习？如何构建全学科整本书阅读体系？等等。

显然这些问题是新课标深化改革的关键环节和重点领域，我们在深入各校调研的基础上，结合学校已有的改革经验和优势，围绕上述问题，指导学校从中确立自己的研究方向和主题。比如莆田实验小学确立了"以大概念为本的大单元教学实践探索"，莆田第二实验小学确立了"基于学科实践的课堂教学新样态"，莆田教师进修学院附属小学确立了"核心素养教学目标的确立、编写与使用"，莆田梅峰小学确立了"跨学科主题学习的实践探索"，莆田城厢区第一实验小学确立了"基于读思达的学习中心课堂建设"，黄石中心小学确立了"全学科整本书阅读体系构建的实践探索"，等等。研究方向和主题确立之后，我们基于理论和实践的有机结合引领学校进行了全方位和全过程的探索，并指导学校对探索的成果进行及时的提炼和归纳，在多次反反复复的讨论和修改之后，完成了书稿。

应该说，这只是完成了研究工作的初始目标，接下来我们要指导和推进学校的改革逐步走向细化、深化，提炼和总结更出彩的案例、课例和文章，使改革成为学校的特点、品牌，并向外进行传播和辐射，带动越来越多的学校和地区真正走进新课标。

前　言

作为莆田市遴选的20所新课标样本校之一，我们究竟要从哪个维度或视角切入推进新课标落地？余文森教授为我们全校教师介绍新课标新理念之中所提到的大概念，一下子吸引了我们的眼球，在全体教师中产生了强烈的共鸣。大家不约而同地选择了大概念。

大概念也称大观念，新课标之中还有诸如核心概念、关键概念、学科基本观念、学科思想方法的称呼，虽然提法和名称不一样，但本质是一样的，我们都统称为大概念。我们直觉地认为大概念就是教育教学之中的大智慧、大格局。实际上，我们学校在推进新课标之前就着力于单元教学，单元备课、单元设计和单元教学是我校的一个传统。但是，我们是就单元论单元，把单元局限于教材的一个单位或学科的一个相对独立的知识系统。简而言之，我们之前所理解和实施的单元教学缺乏一种大智慧、大格局，因为我们缺少大概念，没有大概念的意识，从而既不能实现单元知识内容的高位统整，又不能有效地把单元知识内容与学科核心素养有机对接。严格说来，我们之前的单元教学只是知识层面的单元教学，并不是素养导向的单元教学。就这样，我们想着借助大概念来对传统的单元教学进行转型升级，学校由此确立了"以大概念为本的大单元教学实践探索"这一研究主题，作为推进新课标的切入点和支柱点。接下来，余文森教授团队和我们学校的核心成员围绕着这一主题进行了十多场的研讨。每场研讨都是理论与实践、原理与案例、概念与实证的对话与交锋，由此教授团队逐步了解和熟悉了我们的教改实践，而我们也真正走进了理性思维。可以说，本书就是在这个过程之中完成的。

本书以"大概念是什么？大概念怎么来？大概念怎么用？"三个问题为主

线展开，在理清了这些基本理论问题之后，我们重点讨论大概念的实施问题，也就是以大概念为本的大单元教学设计及其反思等实践问题。其主要内容是：

第一章，主要讲"大概念是什么"的问题。首先，从知识论、认识论和价值论三种视域，分别对大概念的内涵和分类进行了学理上的阐释。进而，对大概念作为新的知识教学之体系、内容、过程及其习得等四个层面带来的革新价值和实践意义，进行了系统分析。

第二章，主要讲"大概念怎么来"的问题。这个问题是实施大概念引领大单元教学的首要问题，至为关键。针对大概念教学的一般性和学科特殊性，在此分两节重点分析了大概念提炼的一般思路和策略，以及大概念提炼的学科特殊性两个问题。在提炼思路上，可有自上而下和自下而上两种思考路径；在提炼策略上，可有"目标"策略、"学习"策略、"内容"策略三种备选。同时，大概念提炼有着明显的学科特殊性，因为一门学科代表着一个完整的知识体系架构，而大概念正是来自这些学科的核心知识、上位知识、学科思想和重要方法，它作为学科育人价值实现的关键，直接影响着课程教学目标的设置、编写和落实，以及单元整体教学的展开。

第三章，主要讲"大概念怎么用"的问题。大概念怎么用是目前学界探讨的一个热门话题，对此我们试着给出了基于、通过、为了——"三维路径"来实施大单元教学。其中，"基于大概念"指大概念是学生学习的基础，也是整个单元教学设计的基础；"通过大概念"指大概念是学生学习和知识建构的工具，也是教师通过单元教学实现学科育人价值的工具；"为了大概念"指大概念是学生学习的目的，帮助学生达成"少而精"的知识习得和知识建构，学会"以简驭繁"的学习方法和成长智慧，生成和发展自身核心素养。

第四章，主要讲以大概念为本的大单元教学设计案例。在理论引领下，数学、语文、英语、道法、艺体等各学科多次集中学习和分组讨论，并在结合自身学科特色的基础上，遵循大概念提炼的思路、策略，凸显学科特殊性来制定单元教学目标、重构教学内容、组织教学活动、实施教学评价，产出了许多较为成熟可行的教学设计案例，在此选入了一些较为典型的学科案例。

本书旨在分享我们在实践"以大概念为本的大单元教学"过程中的认识、思考和经验。我们的实践时间不长、经验不够丰富、思考还不够深入，所以书中的缺漏、不足、不当乃至于错误一定很多，恳请各位读者和专家批评指正。我们自己也要继续学习和实践，不断深化细化。书中参考了众多专家和同行的成果，在此深表谢意。

目 录

第一章　大概念是什么 …………………………………………… 1
　第一节　大概念的内涵和种类 …………………………………… 2
　第二节　大概念的意义和价值 …………………………………… 11

第二章　大概念怎么提炼 ………………………………………… 21
　第一节　大概念提炼的一般思路与策略 ………………………… 21
　第二节　各学科大概念提炼的特殊性 …………………………… 34

第三章　大概念怎么用 …………………………………………… 44
　第一节　基于大概念（大概念是基础） ………………………… 44
　第二节　通过大概念（大概念是工具） ………………………… 47
　第三节　为了大概念（大概念是目的） ………………………… 51

第四章　以大概念为本的大单元教学设计 ……………………… 58
　第一节　以大概念为本的数学大单元教学设计 ………………… 60
　　人教版五年级上册第六单元　多边形的面积 ………………… 60
　　人教版六年级上册第六单元　百分数（一） ………………… 78
　　人教版四年级上册第二单元　公顷和平方千米 ……………… 101
　第二节　以大概念为本的语文大单元教学设计 ………………… 113
　　统编版五年级下册第八单元　风趣与幽默 …………………… 113
　　统编版六年级上册第五单元　围绕中心意思写 ……………… 126

1

统编版四年级上册第一单元　自然之美 …………………………………… 141
第三节　以大概念为本的英语大单元教学设计 …………………………… 157
闽教版四年级上册 Unit 6　Meals …………………………………………… 157
闽教版五年级上册 Unit 6　Asking the Way ……………………………… 176
第四节　以大概念为本的艺体大单元教学设计 …………………………… 191
四年级下册美术　吹塑纸版画 ……………………………………………… 191
四年级体育水平二　篮球行进间运球 ……………………………………… 200
第五节　以大概念为本的道德与法治单元教学设计 ……………………… 212
三年级上册第四单元　家是最温暖的地方 ………………………………… 212

第一章　大概念是什么

新课标倡导以大概念为本的大单元教学。大概念也叫大观念或核心观念，作为学科知识体系的基石，指向学科教学的核心内容和核心任务，是知识内容与核心素养的衔接纽带，表征着学科核心素养的"停靠点、着落点、附着点，从而使核心素养的教学目标有切实的依据和基础"。①

大概念作为新课标理念的核心内涵之一，具有重要的课程与教学改革意义。譬如，《义务教育化学课程标准（2022年版）》就倡导"构建大概念统领的课程内容体系"，要求"明确学习主题，凝练大概念，反映核心素养在各学习主题下的特质化内容要求"，而且"每个学习主题围绕大概念选取多维度的具体学习内容，既包括核心知识，又包括对思维方法、探究实践和情感态度价值观等方面的要求，充分发挥大概念对实现知识的结构化和素养化的功能价值"。②生物课程标准也要求"内容聚焦大概念""追求'少而精'的原则"，进而"提炼大概念，精选学习内容，突出重点"，最终"让学生能够深刻理解和应用重要的生物学概念，发展核心素养"。③在历史课程标准中，大概念被明确提出，它"是指那些能够将分散的知识、技能、观念等联结成为整体，并且赋予它们意义的概念、观念"，而教学中的大概念"是课程内容所要围绕

---

① 余文森. 新时代中国课堂教学改革与创新 [M]. 北京：教育科学出版社，2024：61.
② 中华人民共和国教育部. 义务教育化学课程标准（2022年版）[M]. 北京：北京师范大学出版社，2022：3.
③ 中华人民共和国教育部. 义务教育生物学课程标准（2022年版）[M]. 北京：北京师范大学出版社，2022：3.

的核心和基石，处于教学内容的核心位置，对学生学习具有引领作用"。①

总之，大概念被视为新课标落地课堂教学的重要支点和抓手，正在深刻地影响着中小学课堂教学改革的理论深化和实践探索。

第一节 大概念的内涵和种类

在新课标背景下，伴随着新一轮课程改革的推进，各学科以培养学生的核心素养作为教学过程中的根本价值追求。就目前情况来看，在教学实施过程中仍存在一些不足，如学科知识教学的浅表化、碎片化问题，使得学生难以深入理解学科的本质特征，从而难以构建起相应的学科知识体系。② 同时，课堂教学也存在着情境单一化的问题，难以促成学生对知识技能的有效迁移和应用。③ 因此，探寻一种能够帮助学生理解学科本质、构建知识网络、形成跨情境迁移、体现新课标理念的教学新方式，就具备重要的现实意义。

2018年1月，教育部颁发《普通高中课程方案（2017年版）》，在前言部分提到："进一步精选了学科内容，重视以学科大概念为核心，使课程内容结构化，以主题为引领，使课程内容情境化，促进学科核心素养的落实。"④ 学科大概念的首次提出为落实学科核心素养提供了一种新的探索方案，但当时大概念的内涵及其价值在我国尚未得到深入和系统的研究，故而基于大概念的课程与教学设计也就常处于空白状态。

《义务教育课程方案（2022年版）》，在前言部分提到了与大概念相关的

---

① 中华人民共和国教育部. 义务教育历史课程标准（2022年版）[M]. 北京：北京师范大学出版社，2022：57.

② 李刚，吕立杰. 大概念课程设计：指向学科核心素养落实的课程架构 [J]. 教育发展研究，2018（Z2）：35—42.

③ 朱立明. 深度学习：学科核心素养的教学路径 [J]. 教育科学研究，2020（12）：53—57.

④ 中华人民共和国教育部. 普通高中数学课程标准（2017年版）[M]. 北京：人民教育出版社，2018：4.

表述："基于核心素养发展要求，遴选重要观念、主题内容和基础知识，设计课程内容。"同时，在课程实施部分还提到："探索大单元教学，积极开展主题化、项目式学习等综合性教学活动。"其中，在数学等学科的新课标中明确提出积极"推进单元整体教学设计，体现数学知识之间的内在逻辑关系，以及学习内容与核心素养表现的关联"[1]。可见，在理念上大概念与大单元教学有着天然的密切联系。

基于以上，在我国义务教育阶段进入高质量发展新阶段之时，单元整体教学成为优化课程内容结构、提升课堂教学质量的重要趋向，教育界也正在对单元整体教学进行全面探讨。值得注意的是，单元整体教学不仅仅是在形式上克服课时教学带来的知识碎片化的弊端，而且在本质上需要以学科大概念为统领进行单元的整体设计和实现。

"大概念"（Big Ideas）的研究起源可以追溯到美国教育心理学家布鲁纳（Bruner. J. S）对学科基本结构的研究。他提出要在教学中强调学科的基本结构和原理，这是因为懂得学科的基本结构和原理可以使学科更容易理解，它是学科概念、学科原理及其相互关系的基本阐释，内含着学科知识的整体性和联系性。如此，领会学科基本原理、观念和结构，将有助于理解可能会遇见的其他类似的事物。[2]

大概念也是美国心理学家奥苏贝尔（Ausubel, D. P.）提出的有意义学习理论中的上位学习，书中讲道："新近产生的知识急剧膨胀，要求我们精心选择'最核心的观念'（Big Ideas）。"[3] 在他的学习理论中，"最核心的观念"即大概念，它是认知结构中重要的连接点，可以不断地对知识进行吸纳和组织。类似的研究成果还出现在怀特海（Whitehead, A. N.）的"观念结构"

---

[1] 中华人民共和国教育部. 义务教育数学课程标准（2022年版）[M]. 北京：北京师范大学出版社，2022：86.
[2] 布鲁纳. 教育过程 [M]. 邵瑞珍，译. 北京：文化教育出版社，1982：41—43.
[3] 奥苏贝尔. 意义学习新论：获得与保持知识的认知观 [M]. 毛伟，译. 杭州：浙江教育出版社，2018：185.

(structure of ideas)[①]、珀金斯的"全局性理解"(big understandings)[②]以及菲德尔(Fadel，C.)的"元概念"(meta-concept)[③]等的相关论述中。

但以上观点多是关于大概念的较为碎片化的研究成果，还未形成系统性、理论性和实践性的论证和研究。在教学意义上，最早对大概念进行系统研究的是以格兰特·威金斯、杰伊·麦克泰格与温·哈伦等为代表的课程专家和科学研究领域的专家。特别是威金斯和麦克泰格（Wiggins & Mc Tighe），他们在《追求理解的教学设计》一书中指出，通过划分重点学习内容，大概念可以帮助学习者将各个知识点进行联系，发挥着"概念魔术贴"的作用，并使之在学习者的大脑中得以加强和巩固。值得注意的是，大概念并非"基础"概念，相反是学科的"核心"。相比而言，基础概念是开展工作的基础，如数学中的数位、自然数、小数、分数等；而学科的核心概念，是通过深入探究和不断建构而得到的结果，是各领域专家的思考和感知问题的方式，需要经历一个从模糊不清到逐渐清晰明确的过程。

素养时代到来的今天，以大概念为本的大单元教学成为继"双基"和"三维目标"课改以来的新抓手，它从本质上体现了从知识本位向素养本位的转变。一般而言，关于学科教学可以给出三种理解。第一种是把学科教学理解为"教给学生学科知识"，教学目标指向的是掌握知识和方法。第二种是把学科教学理解为"教学生学习学科知识"，其目标指向的是对学科学习过程的经历和体验。第三种理解是"利用学科知识教学生学习"，把学科课程作为载体，注重学生作为人的全面的发展和素养生成，而这正是以大概念为本的大单元教学的旨趣和追求。

具体而言，在新课标大单元教学语境内，其大概念内涵可从三种视域来理解和认识，即知识论视域、认识论视域和价值论视域。

[①] Whitehead, A. N. The Aims of Educationand Other Essays [M]. New York：Free Press，1929：10—12.

[②] 戴维·珀金斯. 为未知而教，为未来而学 [M]. 杭州：浙江人民出版社，2015：51.

[③] 菲德尔，等. 四个维度的教育——学习者迈向成功的必备素养 [M]. 罗德红，译. 上海：华东师范大学出版社，2017：67.

一、知识论视域的大概念

一方面，知识论视域中的大概念是一种特殊的知识，当然它"是个相对的概念，是指概括性、包容性、统摄性更强的知识"[①]。作为一种特殊的知识，它是一门学科知识体系中的上位知识、核心知识、基础知识，以其抽象性和统摄性居于具体的知识点之上，像一根红线把学科知识点串起来、连起来而成为一个具有结构化、层次化和系统化整体。另外，大概念还体现着单元知识点中具有共性的那部分，每个主题单元都有其相对稳定和固定的概念聚焦点，而这恰恰是本单元知识内容重构所应聚焦的点。因为知识作为"食物"为学生提供营养素就由此生发，所以它也是教与学的起点和基点，承载着学生核心素养的不断生成、发展。

另一方面，知识论视域中的大概念是一种带得走的知识。当学生们将知识都忘记的时候，他们剩下的是什么？此时，大概念的迁移价值更体现在走出学校之后。如果学生只是看似"系统"地学习了课本中的知识，那么当学生结束校园学习后，所"系统学习"的知识就很有可能被忘记。每个学科都有自己的一套"章法"，受过学科训练的人，会有一套成熟的思维方法与思维模式，这就是大概念。学生的学科学习会因为有了大概念这个"固着点"而被赋予现实意义，可以将知识学习得更加深入、掌握得更加牢固和成体系。而这恰似布鲁纳所强调的那样，应让学生形成关于学科的"基本结构（Basic Structure）"。所谓学科的"基本结构"，指的是学科的基本概念和原理，"掌握事物的结构，就是以允许许多别的东西与它有意义地联系起来的方式去理解它"[②]。在此，"基本结构"能将无序的、多样的具体事件在本质上相互联系和整合起来，而学科大概念也正是这样一种"基本结构"的特殊的概念性知识。

从具体学科来看，大概念能够将某一学科领域中的不同概念进行有机整合，通过对不同领域的知识进行有效的整合，学生对知识就会有深刻了解，

[①] 余文森. 新时代中国课堂教学改革与创新[M]. 北京：教育科学出版社，2024：168.

[②] 布鲁纳. 教育过程[M]. 邵瑞珍，译. 北京：文化教育出版社，1982：28.

从而建立起一个直观与抽象相结合又相对应的认知结构，促进学生的高通路迁移。在此，高通路迁移指的是从具体到抽象再到具体，一定程度上形成了反映专家思维的认知结构。例如，在小学的数学里，整数是单位"1"的叠加，分数则来源于对单位"1"的等分，让学生对整数、分数的感性认识上升到理性认识。在这些大概念的基础上进行的学习，可以不断地影响学生的数学建模、形式推理等思维的发展。此外，因为大概念起到了"概念魔术贴"的功能，可以对碎片化的知识点进行整合、吸收和组织，并把它们有机地聚集到一个结构系统中。

当然，数学学科主要以概念、原理、定律等内容构建起了学科框架，而语文学科则主要是以丰富的文本案例展现语言文字多样的魅力，正因为存在这样的学科特征，学生在学习语文的过程中容易将阅读、赏析、诵读课外知识当成是"学语文"，却很少注意到隐藏在大量具体知识点和文本案例背后的语文学科本质知识与规律。如果没有对具体文本和知识加以梳理整合、概括提炼，学生就会认为课文与课文之间是无关的，手法与手法之间是孤立的，读者与作者之间是分离的，难以形成对语文学科知识的整体认识。正如数学学科需要具体的生活情境和动手操作帮助学生学习原理、公式，为了让学生能更好地理解丰富多样的文本、整合零散的语文知识，语文学科也需要抽象的语文概念和原理，让语文课能"放得出去"，也能"收得回来"，这就是大概念作为一种特殊知识的意义所在。

总体来看，正如威金斯和麦克泰格认为的那样，知识论视域中的大概念是帮助人们更深刻地理解具体事实的思维"锚点"，也是用来聚焦知识的"透镜"，是一种用于强化思维、整合知识的概念性工具。借助语文学科中的知识论视域大概念，可以有效地帮助学生将本质上存在联系的文本与知识整合起来，例如借助语文学科大概念"文学作品通过语言文字描绘形象、凸显特征，引发读者联想，用以表现思想或情感"，可以统摄比喻、拟人、夸张、对比、想象、动静结合等多种写作手法，也可以让学生更好地体会到诗歌、散文、小说等具体文本中展现的语言艺术。语文学科大概念能够整合不同知识、文本，甚至不同文体、媒介，帮助学生"将语言材料和语文知识结构化"。[①]

但是需要消除一个误解，随着国内对"大概念"关注和探讨逐渐增多，也出现了多种不一样的声音，类似"我教的学科主要关注的是技能，所以没有什么大概念"等。其实这些观点是错误地理解了大概念，因为在一定意义上技能也是一种知识，它们也可以提炼出大概念。譬如，对于同样教学语言的语文教师和英语教师来说，在教学中达成"语言的流利性"这一技能目标是必不可少的，流利性是由多种技能组合而成，最后呈现于学生的表现中。但流利性除了需要表达能力外，更是对言语能力等技能的综合运用，它建立在清晰认识各种技能价值、程序与策略等知识建构的基础之上：为什么一项技能起作用或不起作用？何时使用这项技能？对这些问题的认识，需要学习者理解与掌握运用言语能力技能相关的大概念。

二、认识论视域的大概念

在认识论视域中，大概念是一种认识工具、概念性工具，为任何研究提供一个可聚焦的概念"透视镜"和认识策略，作为理解的关键可用于强化思维、连接不同的知识片段，使得学习者可应用和迁移于其他问题的探究，布鲁姆和他的同事提出迁移是大概念的本质和价值所在。由此可见，大概念兼具"中心性"和"可迁移性"，是指向学科基本结构、处于学科的核心位置、能有效组织多种知识、促进知识跨情境迁移的核心概念，能够助力学生在学习过程中形成方法上的迁移，它是体现学科方法和学科思想的概念，也是展现学科技能和学科技巧的概念。

作为认识工具的大概念首先具有高迁移性。从语文学科来看，语言学家张志公曾经说过："衡量语文教学质量的一个重要标准，就是能否有效地提高学生的实实在在的运用语文的能力。"[②] 这种"学以致用"的过程离不开学生对知识的迁移。迁移是指"一种学习对另一种学习的影响"。[③] 学生掌握语文

[①] 中华人民共和国教育部. 普通高中语文课程标准（2017年版）[M]. 北京：人民教育出版社，2020：1.

[②] 张志公. 张志公自选集 [M]. 北京：北京大学出版社，1998：197.

[③] 冯忠良. 教育心理学 [M]. 北京：人民教育出版社，2010：273.

学科大概念有利于促成正向的学习迁移，具体原因如下：一是迁移的发生需要学习材料或情境之间具有一定的相似性，语文学科大概念揭示了语言材料间相同的概念原理或规律，能帮助学生更高效地迁移；二是原有学习经验的概括性越高，在新情境中的迁移效果越好，语文学科大概念超越了具体文本个例，具有高度概括性，有利于学生看透表征，把握本质，促进迁移；三是研究表明，迁移主要依靠"理解"，而非机械记忆或墨守成规。大概念教学非常强调"理解"，"理解"不仅要求"知道"知识本身，更要求学生能清楚地判断知识的价值和知道如何使用知识。判断学生是否理解某个大概念的关键在于看学生能否在新的情境中迁移该大概念，能否调用相应的语文本质知识与规律，解决新问题，这也体现了语文核心素养的最终价值追求。学生在迁移应用中形成的表现或成果还可作为评价其语文核心素养水平的依据。

作为认识工具的大概念还表现出鲜明的学科认识策略特征。从数学学科来看，在把重点放在大概念上并以大概念为中心构建认知结构以后，老师就要引导学生对大概念进行主动的迁移，使其思维结构进行最优化。思维结构是否合理，直接关系到数学思维的有效性。在大概念的传递过程中，教师要创设相似的问题情境，使"一种知识""一种方法""一种学习方法"等因素对"其他知识""另外一种方法""另外一种学习方法"等产生作用。通过对大的概念进行迁移的认识策略，可以帮助学生更好地把握主题的性质。在相似的背景下进行大的概念的迁移，对学生的主题学习更有积极的启迪作用。

例如，在人教版小学数学四年级下册的《小数的意义和性质》单元中，以"基于计数单位和计数单位个数的变化，感悟数认识的一致性，发展数感和符号意识"这一核心概念，贯穿整个单元的教学，围绕"计数单位"和"计数单位个数变化"的知识本质开展单元整体学习。可以把小数的意义、小数的性质、小数的大小比较、小数点位置移动引起小数大小变化的规律、名数的改写、求小数的近似数等内容都和计数单位建立联系。这样就把知识点的罗列转化为一个知识网络，体现知识间的内在联系，给予核心概念以核心地位。在认识小数的数位、位置值，以及计数单位间的进率过程中，认识小数的组成，理解小数的意义；根据小数计数单位的个数，正确读写小数，用多种方法表示小数，把握小数的相对大小，理解小数的性质与应用。学生知道了数学知识之间的内部联系，就能够在相似的问题情景中，积极地进行大概念的转移，产生猜测，并进行积极的检验，使自己的思考结构达到最优。这样，就可以使学生更加深入地认识到以大概念为基础的学习所具有的内部一致性。学生就可以通过大概念来融合新老知识，进而对"大数的认识""小数的意义和性质""分数的意义"等知识形成整体性、系统性和结构性的认识。

要发挥大概念作为认识工具带来的迁移作用，需要教师掌握各方面知识。教师要有意识地以大概念为指导，指导学生在学习过程中，通过大概念，掌握知识之间的联系，寻找建立新旧知识的连接点，让学生能够对自己的知识体系进行结构性的建构。这样，才能使学生由消极到主动地转变为主动，以建构式的思考方式，来解决真实生活中产生的各种问题。

三、价值论视域的大概念

价值论视域的大概念主要表现为学科的价值和学习的意义。它能引导学生明确人生发展方向，进而成长为德智体美劳全面发展的社会主义建设者和接班人。

从学科核心素养的角度出发，完整的学习既是知识论、认识论意义上的，也是价值论意义上的。在此，我们要突出两个方面：第一，情感、态度、价值观要体现和集中在学科的精神、意义和文化上，体现出学科的情感、趣味，使之与"学科知识"和"学科活动"相结合，最终实现学科的核心素养的培养。第二，注重"内化"，只有将情感、态度、价值观真正地融入到学生的人格之中，才能把他们培养成具有人格魅力的人。[1]

以数学学科为例来看，核心素养是由关键能力和必备品格形成的共同体，必备品格是核心素养的重要组成部分。数学学科必备品格是具有良好数学特征且能促进人全面发展和人格完善的心理品格，既有科学性、严谨性、抽象性等学科特点，又有培育优秀的数学学习品格等教育功能。数学必备品格包含数学意识、数学思想、理性精神、数学情感、价值判断、思维品质等，具

---

[1] 余文森. 从三维目标走向核心素养［J］. 华东师范大学学报（教育科学版），2016（1）：11—13.

体的要素有创新、严谨、勤奋、理性、坚强意志、勇于探索、敢于质疑、化繁为简、独立思考、实事求是等。如何培养学生的数学必备品格，发展学生的数学核心素养呢？一是要遵循目标性原则、学科性原则、涵养性原则、导向性原则；二是要用数学本质去内化，用数学思考去涵化，用数学美感去催化，用数学事实去感化。在教学中，教师要仔细研读教材，明确教材提供的素材中有哪些地方蕴含着数学必备品格教育，再通过教学活动适时、适地向学生进行渗透。

从学科教学的角度来看，学科核心素养是单元教学目标的集中体现，是学生通过学科学习而形成的具有数学基本特征的必备品格、关键能力及正确价值观念，其精髓在于真实性，即学生在具体的现实生活情境中主动调动相关知识与技能，创造性地解决问题的能力。而学科大概念作为核心素养的内核和锚点，它指向教学核心内容、关键问题与统领性任务，能够反映学科本质、关联数学基本思想与方法。"图形与几何"领域是小学数学教学中的重要组成部分，对培养学生空间想象、几何直观、推理能力等，具有关键性的作用。比如，小学数学"面积"单元共包括长方形和正方形的面积、多边形的面积、圆的面积三部分内容，教师可以在正确分析与把握这些教学内容所蕴含的学科素养、思想与方法基础上，从中梳理、提取出相应的数学大概念。长方形与正方形面积的计算方法主要是通过单位面积度量法获得的，是一种量感的体现；平行四边形、三角形、梯形的面积计算公式是通过割补法和倍拼法推导出来的；圆的面积计算公式则是通过拼凑法推导出来的。无论是割补法、倍拼法，还是拼凑法，都充分体现了"转化"这一基本数学思想。

若将素养教学目标比作一架飞机，情感维引领着素养发展的方向，认知维与技能维是两翼，而大概念是机体，将三个维度整合在一起，才能够真正成为一种素养。学科核心素养是指某一学科在培养人的核心素养方面所具有的独一无二的贡献与功能，也是该学科所特有的教育价值在学生中的具体表现与实现。学科大概念指向的核心素养体现了学科的本质，体现了主题教育的价值取向。厘清学科大概念及其核心素养意义，明确其对于学生主体发展的价值与意义，揭示其对人的发展所作出的特殊贡献，将最终实现学科教育回归到为人的发展服务的方向与轨道，也即学科育人价值的完整实现。

第二节 大概念的意义和价值

大概念教学及其研究推进了现代基础教育教学的改革和发展，它为学生提供了认识世界和改造世界的学科工具和学科方法，对于学生核心素养的形成与发展具有十分重要的意义和价值。

大概念的意义与价值在宏观层面上看，可以改进教育教学的现状，围绕大概念设计跨学科综合课程成为课程改革的趋势，从而建设符合学生核心素养发展的课程体系。在微观层面上看，可以促进教学设计的优化和统整，促进学生学科核心素养的发展。大概念所具备的这些价值与意义需要教师深入去研究，并在教学中积极落实。就知识教学层面而言，大概念突破了琐碎、零散的知识，促进知识的联结。借助大概念形成学科知识联结网络，以及知识与知识之间的联结通路，这种通路使得知识像是零散知识点的有机拼图，学生在遇到不同的问题时能够将之互相融合与拼接，以适应解决问题的需要。[1] 在现实生活中，人们遇到的实际问题往往不是单一的，是多学科知识融合的。大概念促使学生形成的知识联结网络能够帮助其迎接多方面的挑战，可以依据不同的情境进行适应性调整。

因此，新课标背景下的大概念教学作为一种新的教学范式的研究，已经成为推进现代基础教育课程与教学的根本需要。特别是，大概念为认识学科知识世界和改造学科知识教学提供了新视角、新工具与新方法，对新课标引领的教学改革具有十分重要的价值意义。

一、大概念使知识体系有中心、有活力

格兰特·威金斯和杰伊·麦克泰格在《追求理解的教学设计》中认为：大概念就是一个概念、主题或问题，它能够使离散的事实和技能相互联系并

---

[1] 丁益民. 实施中观教学 促进深度学习［J］. 数学通讯，2020（20）：6－8.

有一定意义。① 大概念是以现实世界为基点，以事实、知识为基础，体现学生情感、态度、价值观、思维方式的高阶认知学习，它具有生活价值，充满活力。大概念教学要打破学科内和学科间的界限，建立起与其他学科概念知识间的密切关系，与其他学科概念知识组合成完整的知识结构。在大概念的引领下，学生学到的是具有共同属性的、有规律的知识体系，既包含大概念，又包含小概念及其他知识。大概念是比学科核心知识更上位的概念，它让整个知识体系有中心，让知识充满活力地聚合在一起形成完整的知识结构。

大概念的体现形式可以是多元化的，可以是一个词短语、一个句子或者一个问题。也就是说，一个核心的概念、一个基本问题或一个正式理论都可以是大概念，只是用不同的方式表达出来而已。所以，大概念是一种高阶思维的呈现样态，所反映的是一种系统的、科学的知识体系。大概念体现的是学科的基本结构和方法，反映的是学科知识的本质与核心。大概念不是呈现给学生简单事实的具体答案，而是引领学生发现知识本质与内在联系，发现知识背后的核心内容。因此，大概念可以帮助教师准确把握学科教学的重点与本质，使繁杂的课程精简下来。教师可以借助大概念统领学科知识，让学生学习最核心的知识和方法。这有助于教师有效定位教学价值，让知识体系有中心，促进知识的联结。

在现实教学中，有一部分老师追求教学容量，只关注一节课中教师传授给学生知识数量的多少；另一部分教师以一种负责的态度，希望自己的课堂面面俱到，尽可能给学生呈现更多的知识点，生怕遗漏了知识点。但在有限的课堂时间里，每个知识点都只能做到浅尝辄止，无法触及知识的本质和核心。以为自己讲过了，教师的责任就尽到了，这种错误的认识对学生的危害是极大的。这样的课堂，需要深入挖掘的地方没有时间去深入探究，无法触及知识的本质、核心，需要学生深入理解的大概念没有得到充分的揭示与理解。学生的学习好似走马观花，十分不利于突破一节课的重点、难点。最要命的是，教师对自己教学行为的不当之处浑然不知，持续多年甚至是整个教学生涯，终而丧失了学科知识应有的教学活力。

---

① 格兰特·威金斯，杰伊·麦克泰格. 追求理解的教学设计［M］. 闫寒冰，宋雪莲，赖平，译. 上海：华东师范大学出版社，2017：6.

例如,"度量"是小学数学中的一项重要内容,是人们认识、理解和表达现实世界的工具,体现数学的本质特征。但在实际教学中我们发现,部分教师对度量所包含的内容、度量的重要性认识不足,对"度量"这个大概念的理解不到位,在教学时容易使教学内容浅表化、碎片化,容易忽视儿童已有经验,以讲解代替活动、以演示代替操作、以个别代替全体,学生知其然却不知其所以然,死记硬背度量概念、进率等。这样的教学度量基本活动经验缺失、度量意识薄弱、度量方法呆板僵硬,影响了学生度量意识的形成和发展。小学阶段度量知识点的分布呈碎片状,所以教师需要有主线意识,认真解读教材。在"度量"这一大概念引领下整理、明晰教学内容,分析其本质属性并贯通其联系,使这一大概念成为这块知识的中心并在教学中发挥其活力。

再如人教版小学数学四年级上册第二单元内容"公顷和平方千米",单元内容主要包括公顷和平方千米,是在学生掌握面积概念并认识平方厘米、平方分米、平方米等面积单位的基础上教学的,为接下来学习平面图形面积、组合图形的面积等知识奠定基础。本单元要紧紧围绕"度量"这一大概念,将教学重点落在完善面积单位体系,帮助学生建立土地面积单位"公顷"和"平方千米"的概念上。"公顷"和"平方千米"是两个测量土地面积的常用单位,并且这两个面积单位比较大,离学生的生活较远,学生不容易建立起表象。在学习定义后,可通过实验、推算、想象、类比、估测、验证等方法,让学生亲身体验"1公顷有多大"的过程。首先让学生在操场上量出边长10米的正方形,感悟100平方米的面积大小,进而引导学生推算出100块这么大的正方形的面积是1公顷,初步感悟1公顷的大小;紧接着引导学生分别估一估1公顷有几个足球场、篮球场、教室的大小;最后估一估自己所住的小区大约有几公顷。测量活动的本质是比较,通过直观比较、直接比较和间接比较,感悟1公顷和几公顷的大小,建立度量单位的表象,培养学生的度量意识和度量思维,用度量的方法和思维分析生活、理解生活、表达生活。

每一个新知识的学习,必须进行充分的体验与实践,使大脑不断地受到冲击,才有可能真正内化为学生学到手的知识,所学知识才可能有活力。在大概念的引领下,我们要认可"少就是多""少而精""以简驭繁"的教学精髓，而这里的"少""简"就是"核心的""本质的"、能牵动掌握其他知识的知识，即大概念。因此，树立基于大概念的教学意识就显得十分重要。

总之，大概念作为教学的核心，是所有知识建立联系的纽带和中心，它指向学科教学的核心内容和主要任务，是学科内容的引领者和组织者，给学生提供了学习的方向，使知识体系有中心，有活力。

二、大概念使教学内容有层次、有结构

数学家华罗庚先生说过，既要善于把书读厚，又要善于把书读薄。读厚，是要求学生厘清知识的每一处细节；读薄，是要求学生能发现知识的基本脉络，抓住学科知识的内在联系，形成结构化。美国教育家布鲁纳也认为，"不论我们选教什么学科，务必使学生理解该学科的基本结构"[1]。大概念教学可以使学生透过繁杂的现象，抓住知识的本质，使教学内容有层次、有结构。

大概念就像一块磁力强劲的磁铁，能够把知识有机地组织在一起，从而克服学科内容零碎化的现象，帮助学生建构起完整的知识体系。通过建构认知体系，学生学到的是立体的知识框架，在学习过程中明晰知识之间的联系，促进知识结构化和方法技能结构化。把大概念作为课程整合的基点，教学设计紧扣学科重点内容，可以为学生构建具有梯度性与层级性的知识结构。

施瓦布指出了学科知识的三种结构，除了不同学科间的组织结构外，还有学科内的实质结构和句法结构。实质结构更多关注学科内容本身的结构化，而句法结构更多关注学生学习过程的结构化。传统的教学模式让学生在课堂上学习到大量的零散的、不连贯的、碎片化的内容，没有瞄准最核心、最关键的知识。学生不仅学习负担重，而且最终获取的效果也不尽如人意。没有大概念的统领，学习获取的零散的知识点不能被深度组织起来，也不能进行迁移和运用，更谈不上创新。大概念指向学科教学的核心内容和主要任务，是学科内容的组织者，对学生学习的知识与内容具有统摄作用，可以让零散、碎片化的知识发生关联与聚合。大概念作为核心，应该成为众多知识建立联系的纽带。

从学生学的角度来看，大概念可以促使学生实现内容的结构化和学科思

---

[1] 李祎. 高水平数学教学到底该教什么[J]. 数学教育学报，2014（06）：31—35.

想方法的结构化,实现知识系统结构化和学生认知的结构化。[①] 从教师教的角度来看,大概念要求教师能够从宏观、整体的角度进行教学设计,以学生已有的认知与知识为基础,为学生架构新旧知识之间的桥梁,最终形成完整的认知体系,使学生能整体理解知识,掌握方法,形成素养。

  以小数除法的教学为例,教师需要寻找能勾连知识点的核心概念,能够贯通"整数、小数、分数"三大块,做到真正意义上的举一反三。例如,人教版小学五年级上册"小数除法"单元教材安排了五个例题,看似比较分散,类型较多,但从学科大概念出发,则不难发现其中的"联系点与一致性"。通过重新梳理,基于学科大概念,我们可以把五个例题整合为两个序列:"除数是整数的小数除法"和"除数是小数的小数除法"。这样的梳理与整合并非随意而为,而是关联性的结构重建,而且做到了由此及彼,螺旋上升——前者为后者奠定基础,后者通过变换形式印证前者,正所谓:"厘清小数除法的算理,是贯通整数除法和小数除法的支点。"这样的整合,有利于学生学习负担的减轻。从知识内在的机理而言,有利于知识树的形成,有利于实现运算的一致性,达到事半功倍的效果。

  总之,通过学习认知体系,学生学到了立体的知识,明晰了知识之间的联系,建立了完整的知识结构。这有利于对网状学科知识的把握,使庞杂的知识得到融通。整体的每一部分都对构成完整的整体发挥作用,整体与部分这一关系可以让学生在学习中意识到事物之间的关联。正如怀特利所认为的那样,大概念作为理解的建筑材料,可以被认为是有意义的模式,使人们能够把原本支离破碎的知识点联结起来。掌握学科的结构是理解学科的一个重要方式。以大概念为中心进行各个学段课程内容的选取和组织,让大概念成为课程设计的关键线索,可以将该学科观念下产生的知识、技能等知识进行体系化覆盖与统整式处理,帮助教师澄清是否以及为什么要教授这些内容,进而实现教学内容的层次化和结构化处理,这样就能针对学生前认知的学习障碍,改进课程和单元计划,让学生的学习变得更加紧密、有效。

[①] 朱俊华,吴玉国. 深度学习视域下小学数学结构化教学策略[J]. 中小学教师培训,2021(6):51—53.

三、大概念使学习过程有探究、有深度

在大概念统领下的课堂教学中,教学过程有探究、有深度。在此过程中,学生掌握的是学科的核心知识,把握的是知识的本质,学会的是学科的思想方法,促使学生从浅层学习过渡到深度学习。经历这种探究过程后,学生又形成了积极的学习力、正确的情感、态度、价值观。正如郭华教授指出的那样,在课堂中学生围绕着具有挑战性的学习主题,全身心积极参与、体验成功、获得发展的有意义的学习过程,既提升了独立探究、思考的能力,在合作交流中又提升了创造性,培养了合作精神,形成学科核心素养。大概念教学的关键就是帮助学生寻找到学科知识背后的学科观点,它是课程内容通往核心素养的阶梯,也是核心素养楔入具体知识的固定锚点,是连接素养与知识之间的关键一环。

从教师教的角度看,大概念能帮助教师挖掘隐藏在知识背后的隐性知识,教学知识的本质、过程、思想和思维方式。"教什么"比"怎么教"更重要,教师只会照本宣科,就会成为知识的搬运工。教师应以大概念为主线,引领学生探究、讨论、辨别各学科知识的本质。譬如科学教育,"应该如在真实世界中的实践那样反映科学中各学科相互联系的本质"。[1] 基于此,2013年美国发布的《新一代科学教育标准》提出了学科间整合的概念。因此,大概念教学有助于学生更深入地理解和掌握学科知识,显著提高学生的学业成绩和思维能力,从而有效提高教学质量。

从学生学的角度看,大概念教学可以帮助学生培养未来社会所需的能力,如批判性思维、创新思维、合作能力等。通过大概念的学习,学生可以学会分析问题、解决问题的方法,提高自己的批判性思维和创新思维,同时也可以培养出更好的合作能力和沟通能力。

例如,教学人教版教材五年级上册第六单元"多边形的面积",从教材的编排上可以看出,"多边形的面积"这个单元主要起到一个承上启下的作用,为进一步学习圆的面积和立体图形的表面积打下基础。从单元内容来看,本

---

[1] 宗德柱. 大概念教学的意义、困境与实现路径 [J]. 当代教育科学,2019(5): 27-30.

单元将"多边形的面积"分为平行四边形的面积、三角形的面积、梯形的面积、组合图形的面积和解决问题（不规则图形的面积）五个部分进行教学。前三个例题是面积公式推导课，例 4、例 5 属于解决问题应用课，培养学生综合应用数学知识解决实际问题的意识和能力。本单元的学习重点应该落在，如何帮助学生深入理解面积概念的本质，并让学生感受与体悟"转化"思想方法，以促进学生知识的迁移和学习能力的提高。所以，可以将"转化"定为本单元的大概念来统领整个单元的教学。

具体来看，用"转化"这个大概念统领本单元的教学可以让教学重点不再停留在记忆公式的浅层学习上，而是帮助学生进行知识结构化的过程。学生在"转化"大概念的统领下，发现平行四边形的面积与旧知识长方形面积之间的关联，唤醒旧知。课上教师带领学生经历完整的转化过程：试转化—找联系—推公式，给学生提供一条图形转化的路径，帮助学生串联知识点。在"三角形的面积""梯形的面积"两节课中学生按转化路径可以自主完成转化，并感受转化的多样，发现梯形公式是面积计算的万能公式，真正实现深度学习，完成知识的迁移和应用。

总之，大概念可以促进学生持久地理解问题，而不是简单地记下标题、短语或问题，经历一个有探究、有深度的学习过程。也就是说，大概念有利于学习者看到学科知识的本质，它可以帮助学生摒弃复杂的、过于细化的知识，去学习知识的核心与重点，防止细枝末节的知识过多而消耗学生的学习时间与精力，节省出的时间可以用于开展探究式学习。它也有利于学生暴露知识学习中的盲区、对知识学习的误解与错误认识，从而形成一定的认知冲突。需要注意的是，教师的教学，并非将大概念直接交给学生，而是利用大概念更好地梳理学科知识、形成学科知识体系。所以，大概念教学与学生学习方式的改进是相辅相成的，正如温·哈伦等人所说，如果教学法并不与大概念的需求链接，只是建议教学应该关注，那么大概念很大程度上就是没有用的。

四、大概念使知识习得有运用、有迁移

在知识学习的语境内，大概念使学生的知识习得有运用、有迁移。大概

念在教学中最显著的优势是摒弃了原来以记忆和复述为特征的回忆式知识学习，反而追求一种能够有效地实现知识迁移的教学，即能够更好地让学习者理解知识点之间的联系，从而让知识不再只是一种表层记忆，而变成学习者自己的知识；从而使知识体系更具活力，促进学生应用创新。大概念教学就像水对鱼的作用，有助于对学习知识的迁移延伸、灵活应用。知识掌握与意义建构服务于对大概念的深入理解与消化，引领学生持久而深入地理解大概念的教学，有利于促进学生从低阶思维走向高阶思维。学生学习到大概念，就可以把需要学习的知识统领起来，理解知识的脉络与结构，举一反三。布鲁姆和他的同事们提出迁移是大概念的本质和价值所在：在每个学科领域都有一些基本概念，它们对学者们所研究的内容进行归纳和总结。教师的首要任务就是不断地探寻这些抽象概念，找到帮助学生学习这些概念的方式，尤其是帮助学生学会如何在各种不同情况下使用它们，学会使用这些准则就具备了处理各种问题的能力。

在教学中，有大概念意识的教师若能掌握学科的基本概念架构，则有助于学生学习学科知识，并促进知识的迁移。学生不是仅学习知识本身，还要学习事实性知识背后的东西，揭示现象背后的原因是什么，并能够把学习到的内容迁移应用。这正是深度学习所倡导的。大概念可以帮助学生在课堂活动中注重联系和看到目标，可以帮助他们建立更加连贯和有丰富联系的理解。这有助于学生监控他们的学习情况以及构建问题意识，厘清和扩展他们的理解。教师将相互关联的基本概念聚合后形成大概念，学生把学到的知识迁移到现实情境中解决真实问题，这能有效激发学生的学习动机和提升问题意识。同时学生通过利用合作式学习和探究式学习，能提升推理、迁移等解决问题的技能。大概念学习过程本身就蕴含着各种解决问题的范式，有助于学生提高解决问题的能力。

大概念教学更注重知识的运用，这是学科核心素养落实的关键。核心素养是我国深化课程改革的重要理念，学科核心素养则是核心素养的具体化、操作化的体现。培养学生的正确价值观念、必备品格与关键能力，要通过发挥语文学科、数学学科、英语学科等多学科的育人价值来实现。促进学生学科核心素养的学习必然要摒弃死记硬背、机械训练，注重学生的思维能力、探究能力、创新能力的培养，还要上升到审美、文化的层面。"学习与思考永远都要置身在文化情境里，并且永远都需要依赖文化资源的使用。"[①] 大概念在教育教学中能够帮助学生理解复杂的概念和解决问题，促进学生的长期学习和终身发展。同时，大概念教学需要教师具备广博的知识背景和较高的思维能力，能够促进教师不断学习和提高自己的专业素养。大概念教学注重培养学生的创新思维和实践能力，有助于培养创新人才，推动社会的进步和发展。

进一步看，大概念的这种运用和迁移的天然优势和基本特性，还可以表现在跨学科主题学习之中。即使用大概念统整各学科课程内容，可以帮助我们构建跨学科课程设计和实施。首先，大概念提供了跨学科所需要的方法。因为大概念中的高阶思维本身就具有跨学科的属性。其次，大概念指引了学科间的融合方向。大概念是基于真实情境与真实问题意义上的学科间的深度融合，而不是简单的拼凑或混合。再次，大概念的学习模式使学习者构建跨学科理解成为可能。由此可以看出，大概念网络将不同学科基于某一个共同的大概念进行横向联结，跨越两个或者更多知识领域，促进了学科融合与统一。

因此，学生可以把学科大概念作为解释、解决学科问题的基本思路与方法，重在知识的运用和迁移。大概念能够解释和预测较大范围内的事物和现象的学科知识的核心，借此可以更好地认识学科的本质，进而认识与理解世界。大概念在教育中的意义和价值不可估量。它们不仅能够帮助学生掌握知识，提高思维能力，增强学习兴趣，培养创新精神，还可以帮助他们塑造健康的价值观。因此，教育者应该在大概念的教学上下更多的工夫，让学生在学习中获得更多的收益。

总之，大概念对于学科知识重构和教学具有重要的价值和意义。对此，余文森教授曾用一段形象而贴切的文字加以描述：大概念是水，知识点和知识内容是鱼，只有在水中鱼才会活，离开了水，鱼是活不成的；大概念是磁铁，知识点和知识内容是铁屑，只有借助磁铁，铁屑才会聚集在一起，否则就会散落一地；大概念是骨架，知识点和知识内容是肌肉，只有附着在骨架

---

① 胡金平. 走出教学模式功能认识的误区[J]. 教育发展研究，2013（22）：76—80.

上，肌肉才有力量；大概念是家，知识点和知识内容是家的成员，只有家才会让每个成员有归属感，没有家，知识就会成为流浪汉。[①]

[①] 余文森. 新时代中国课堂教学改革与创新 [M]. 北京：教育科学出版社，2024：176.

第二章 大概念怎么提炼

在不同视角和层次上，应该说，会看到不一样的多个大概念。在此，谈论大概念怎么来的问题，主要是从单元教学的角度提出的。一般来讲，一个大单元教学会有一个大概念统领，当然这个大概念可能是知识型的，也可能是方法型的，还可能是价值型的。同时，在语文大单元教学中，因其双线组元的特点，还可能出现人文性与要素性两个维度的大概念并行存在，共同推进大单元教学的情况，这些都是需要在教学实践中慢慢探索并不断总结的问题。

单从大概念的提炼来讲，它既遵循自上而下与自下而上两种思路，又体现着不同学科的特殊性。

第一节 大概念提炼的一般思路与策略

一、大概念的提炼思路：自上而下和自下而上

（一）自上而下的思路

以新课程标准为导向，从学科课程所要培育的核心素养的几个维度出发，在对其内涵和外延准确解读和分析的基础上，结合单元教材主题和内容提炼本单元学习的大概念。如语文课程，从"文化自信、语言运用、思维能力、审美创造"四个维度审视单元的主题和内容，从中提炼单元学习的大概念。

数学课程，从学生符号意识、数感、量感、运算能力（核心素养在小学阶段的表现）来提炼小学阶段"数与运算"主题的单元大概念；从空间观念、几何直观、推理能力（核心素养在初中阶段的表现）来提炼"图形的性质"主题的单元大概念。

第一，新课程标准。新课程标准是国家课程的纲领性文件，是教师课程建构、组织教学、落实学科育人的行动指南，是对课程内容的高度凝练和概括，它面向全体学生提出了学习基本要求。譬如，结合《义务教育课程方案（2022年版）》，深度研读《义务教育数学课程标准（2022年版）》中的"课程性质""课程理念"，我们发现，核心素养是学科育人的基本导向，可以从中解析出"设计体现结构化特征的课程内容"等跨学科大概念。新课标作为大概念最重要的来源，虽然有些学科大概念新课标里未必直接阐明，但都有包含大概念的意蕴。也可以说，在新课标里有的大概念是显性存在的，有的大概念是隐性存在的。从单元教学的整体视角来说，大概念的提炼主要来自新课标里对核心素养内涵的界定和阐述，以及对课程总目标和相应学段的要求，这种提炼方法能够确保大概念的正确方向，毕竟新课标是教学的总纲和依据。但是，不能对新课标断章取义，也不能局限于字面的理解，教师要全面完整地细读新课标，深刻准确领会和把握新课标的内涵和精神实质，能够在头脑中建立新课标特别是核心素养的清晰的画面，这样才能确保大概念提炼的准确性和针对性。比如，"课程目标"是依据核心素养而细化的素养目标，可以从中提炼出学科大概念，像"模型观念""数据意识""量感"等。而结合数学教材与教师指导用书等资源，研读"课程内容""学业质量"等板块内容，也可以从中提取出领域或单元的大概念，如"运算的一致性""度量的一致性""体会图形运动前后的变与不变"等。

第二，学科核心素养。学科核心素养是学科育人的目标，是学生在经历该学科课程的学习活动过程后，达成的正确价值观念、必备品格和关键能力。同时，学科核心素养是对学科本质、思想方法、发展历程及教育价值的高度概括，我们可从学科核心素养的目标出发来提炼指向学科核心素养的大概念。具体过程是，对某条学科核心素养进行内涵的挖掘与外延的分析，将高度凝练的学科核心素养解构、抽提为大概念，让大概念成为教学内容通向学科核心素养的阶梯①。比如语文中，"自上而下"提炼"大概念"的思路就是从语义核心素养的视角审视，在对内涵和外延全面解读和分析的基础上，对每个素养进行维度分解，尝试抽离出表达这些维度的观点语句，逐步形成大概念。

第三，专家思维。因为大概念是反映专家思维方式的，因此，专家思维也是大概念的直接来源。专家是在某一领域具有专长的人，专家思维一般是高通路迁移和具有创造性的，高通路迁移的机制是"具体—抽象—具体"，它要在不相似的任务中完成迁移，是一个由归纳到演绎的过程，也就是说要从很多具体的案例中抽象出一个原理，再用这个原理指导下一个任务。比如，"实验是根据研究问题提出假设，利用一定的方法和设备，尽可能排除无关变量，验证假设"是大概念②。再如，数学中大概念提取方式或路径包括：从"教学难点""教学困惑""新旧教材对比""概念理解偏差或教学误区"等多种途径挖掘大概念，其中从新旧教材的比较研究中提取大概念，这种方法的实质是研究专家思维，因为专家思维是通过大概念的方式来组织的，从而也会在新教材的编写中有所体现。

第四，概念派生。大概念与大概念之间是相互关联和派生的，因此，也可以通过派生或总结的方式来产生大概念。比如，"语言交流通常是一种有对象的目的性行为"，这一大概念可以派生出"书面语言交流通常是一种有对象的目的性行为"和"口头语言通常是一种有对象的目的性行为"这两个下位大概念③。

（二）自下而上的思路

以经验为依据，从现有教材的单元知识内容的性质和特点出发，不断地追问和思考知识内容背后的学科本质和学习意义，从单元知识内容中提炼出本单元的大概念。每一门学科都有明确的研究对象、研究的基本问题和对应的具体知识与方法体系。因此，可以从具体的学科知识、教学内容及其包含

---

① 崔鹏. 学科大概念的功能价值与提炼策略［J］. 福建教育，2021（10）：11-12.
② 刘徽. "大概念"视角下的单元整体教学构型——兼论素养导向的课堂变革［J］. 教育研究，2020（6）：64-77.
③ 邵卓越，刘徽，徐亚萱. 罗盘定位：提取大概念的八条路径［J］. 上海教育科研，2022（1）：12-18.

的问题出发，思考、分析其中蕴含的学科价值观念、思想方法，将具体知识形成一定的逻辑结构关系，寻找合适的认识角度，注重凸显学科的本质和特征，概括凝练成大概念。以大概念作为认知的框架和解决问题的工具，开展大概念为本的教学，可改进学生的学习，帮助学生获得深层次的理解。

第一，生活价值。思考学校教学和真实世界的联通点。比如，在学习烙饼问题时，生活中一般不会将3张饼交替烙，但是这里主要学习优化的数学思想方法；学习植树问题，其实是经历探究过程，学会化繁为简解决生活中这一类相关的问题，培养模型意识。再如，当我们买房子时，地产商不会介绍房子的体积，一般会告知顾客这是多少平方米的房子。因此，这里就涉及模型建立的大概念"生活中大量问题与数学有关，抽取问题中关键数学特征建立模型予以解决"。

第二，知能目标。知识和技能目标也可以向上提炼为大概念。比如数学中"明确百分数产生的实际意义，认识百分数的意义及一般性应用，会用百分数对事物进行描述、分析、统计、比较"的知能目标可以上升为"应用百分数，感悟用数据说话"的大概念。比如语文，统编小学语文教材以人文主题与语文要素双线结构组织单元，每个单元通常包括一个主题下的几篇课文，那只是内容单元，而不是学习单元。根据现行教材，如何转变"内容单位"为"学习单位"，寻找一个核心点，化散点知识为聚焦学习点，进行单元教学设计。"自下而上"提炼"大概念"的思路正是从学习内容出发，思考每部分学习内容背后真正的学习目标和学科思想方法，再与核心素养的表述对应，进一步概括凝练成大概念[1]。

第三，学习难点。学习难点既包括学校中的难题，也包括未来生活的难点，学习难点往往是学生最难以理解的，也正因为此，剖析学习难点往往就能发现大概念[2]。所有的学习都是相通的，学生以往的学习经验、学生之前的学习经历，都会对当下的学习产生直接或间接的影响，我们可以从这些影响

---

[1] 李凯，范敏. 素养时代大概念的生成与表达：理论诠释与行动路径[J]. 全球教育展望，2022（3）：3—19.

[2] 刘徽. "大概念"视角下的单元整体教学构型——兼论素养导向的课堂变革[J]. 教育研究，2020（6）：64—77.

因素之中去寻找和提炼大概念。具体而言，从以往的学习活动，包括学习方式、学习策略之中去寻找和提炼大概念，从以往的学习内容，包括知识内容、思想内容之中去寻找和提炼大概念，当然，在学生的日常生活和各种各样的课外学习之中也蕴含着可以升华为大概念的要素，也是寻找和提炼的一个路径。

第四，教学重点。从教学重点中提取大概念，在实际教学中，我们发现，不同的教师对相同的知识点，给出了不同的教学重点，这意味着什么是真正的重点，或者说哪一个教师提出的观点更有价值，包括为学生的长远发展，素养培养等等，是需要进一步分析论证的，如此一来，我们需要的大概念往往蕴含在其中。从教学困惑中提取大概念，教学困惑意味着教师对某些教学内容或知识点进行了较为深度的思考，但尚未厘清究竟什么内容是真正的重点，或者什么知识最有价值，或者同样的内容，教师之间出现了不同的解读，从而产生了困惑。此时，正是大概念发挥作用的时候。因此，静下心来，多查阅文献，多思考，最终会发现问题的症结所在，隐藏在知识背后的大概念往往会逐渐显化。从教学误区中提取大概念，教学误区意味着教师对教学内容的理解存在偏差，深入思考或者咨询相关领域的专家，往往也能发现大概念。

自上而下与自下而上的两种思路实际上是"殊途同归"，都是要找到核心素养与知识内容的有机衔接点，找不到或者对接不准，核心素养就会落空就会虚化，提炼大概念就会失去方向和价值，新课标视域下的大概念提炼其实质就是解决核心素养与教材内容的对接问题。自上而下是从抽象走向具体，让抽象引领、统领、解释具体，让具体"活""立"起来；自下而上是从具体走向抽象，从具体中升华出抽象，让抽象"实""见"起来。作为一对思维范畴，抽象与具体是对立统一的，我们要在认识中实现两者的相互联系和相互转化，努力达到两者的真正统一。从教学实际角度讲，大概念既是抽象的又是具体的，"抽象的直观"是大概念的教育意蕴。这是我们从形式上判断大概念的一个"标准"，如果一个大概念没有抽象性，那就没有包容性、统摄性、迁移性，那就不能称之为大概念了；但是，如果一个大概念不直观，教师特别是学生根本无法把握其内涵，不能正确使用它，大概念在单元学习中就不能发挥实质性的作用，这样的大概念徒有其名，"有"等于"无"。

二、大概念的提炼策略：目标策略、学习策略、内容策略

基于以上认识，我们在"以大概念为本的单元整体教学"的研究实践中，对于"大概念"的提取主要从目标策略、内容策略、学习策略三种方面入手，联动整合来挖掘和实施。

（一）目标策略

在小学阶段的学科教学中，设定明确、可衡量且有挑战性的学习目标是至关重要的。首先，教师需要了解学生的学习需求和学习风格，为每个学生设定个性化的学习目标。这些目标应该包括各学科及跨学科的知识和核心素养等方面，以确保学生能够全面掌握学科知识、学科思想和学科方法。其次，教师需要将长期和短期目标相结合，使学生能够看到自己的进步，同时保持对未来学习的动力。通过这种方式，学生能够更好地理解学习方向，提高学习效果。

以统编版小学语文为例，看基于目标策略的大概念提炼，具体包括课标和学科两种视角。

1. 课标视角

统编版小学语文教科书以单元整体编排，注重单元整体性。每个单元都有一个明确的单元主题，但这只是从内容角度获得的人文主题，并不一定是大概念。新课标明确指出，语文课程围绕核心素养，体现课程性质，反映课程理念，确立课程目标。因此，提取清晰准确的大概念还需要以素养为本，从课标的角度、要素的转化两方面来提炼能体现"人文性"与"工具性"价值的大概念，统领单元的目标、情境、任务等的设计，从而提升学科育人的品质。

下面以统编版小学语文三年级上册第六单元为例，谈谈如何运用目标策略提取大概念。本单元以"祖国河山"为主题，选编了《古诗三首》《富饶的西沙群岛》《海滨小城》《美丽的小兴安岭》四篇课文，习作"这儿真美"和"语文园地"。单元导语页以一首小诗——"祖国，我爱你。我爱你每一寸土地，我爱你壮美的山河。"抒发了对祖国山河的赞美与热爱。本单元的语文要素是："借助关键语句理解一段话的意思。习作的时候，试着围绕一个意思

写。"阅读与表达要素紧密结合。

根据《2022版语文新课程标准》对学习任务群的划分，本单元的学习内容属于发展型学习任务群——"文学阅读与创意表达"。文学阅读与创意表达要求的内容为："在语文实践活动中，通过整体感知、联想想象，引导学生感受文学语言和形象的独特魅力，获得个性化的审美体验；了解文学作品的基本特点，欣赏和评价语言文字作品，提高审美品位；观察、感受自然与社会，表达自己独特的体验与思考，尝试创作文学作品。"从核心素养的四个维度，即文化自信、语言运用、思维能力和审美创造来审视，本单元阅读要素中的关键词素"理解"和表达要素中的"围绕一个意思写"指向的是"语言运用"这一个维度。而"审美创造"这一维度兼顾了阅读和表达，要学生通过感受、理解、欣赏、评价语言文字及作品，获得较为丰富的审美经验，具有初步的感受美、发现美和运用语言文字表现美、创造美的能力。指导学生"关键语句的理解与表达"的过程也正是促进学生发展思维，获得审美文化的过程。

由此，我们可以提炼出"运用关键语句理解与表达"为本单元大概念的核心词。

2. 学科视角

以语文学科为例，从语文的双线定位——"人文主题"与"语文要素"也可进行目标策略下的大概念提炼。以统编教材小学语文六年级上册第四单元为例，本单元的语文阅读要素是"读小说，关注情节、环境，感受人物形象"。纵观统编版的小学语文教材，关于"感受人物形象"这一相关的阅读训练要素，已经做了循序渐进的编排：

册序	单元	阅读训练要素
四上	第六单元	通过人物的动作、语言、神态体会人物的心情。
四下	第七单元	从人物的语言、动作等描写中感受人物的品质。
五上	第六单元	注意体会作者描写的场景、细节中蕴含的感情。
五下	第四单元	通过课文中动作、语言、神态描写，体会人物的内心。
六上	第四单元	读小说，关注情节、环境，感受人物形象。
六下	第四单元	阅读时，关注神态、言行的描写，体会人物品质。

从上面的表格中可以看出，就"感受人物形象"这一要素点，中年级要求学生能从人物的动作、语言、神态等细节描写中感受人物形象，而高年级要求学生在此基础上，关注环境、情节的变化，从中感受人物形象。作为"小说"单元，它的落脚点就不仅仅是"感受人物形象"，还要引导学生学会阅读小说。在进行文本阅读时，学生不仅要关注人物的语言、动作、神态等细节描写，而且还要关注情节、环境的变化，多方面多角度感受丰富立体的人物形象。同时，环境、情节与人物是不可割裂的。本单元的习作训练要素是"创编故事"。写作的构思有两个方向：写实和虚构。学生之前的习作大多训练的是写实，记录观察到的实实在在的事物和感受。小说中的故事情节和人物形象乃至环境则更多源于虚构，虚构能够更集中更凸显情节的巧合曲折，人物形象更加个性鲜明，环境更加特殊。但是虚构的魅力在于"你明明知道是假的，但你感觉跟真的一样"。这就因为虚构不是凭空捏造，而是"源于生活却高于生活"的艺术。由此，立足单元双线，定位这个单元的大概念是：虚构的小说，生活的影射。

小学数学等学科也可通过目标策略提炼学科大概念，展开教学。比如，"整数乘法"单元就可以基于对各年级不同整数乘法内容知能目标的分析与聚焦，提炼出单元大概念。表内乘法主要是要求学生准确编制、熟练记忆乘法口诀，熟悉口算表内乘法，提高口算技能，了解口诀之间的联系；两、三位数乘一位数、两位数乘两位数和三位数乘两位数的笔算主要是要求学生在探究、讨论的基础上，理解笔算算理及多位数乘法的基本结构，掌握笔算方法，并能进行正确计算。由上述分析可知，"在理解笔算算理、掌握笔算方法的基础上，能正确进行整数乘法计算"是贯穿"整数乘法"单元的知能目标，可以将其上升为"整数乘法是利用拆分与合并，转换成表内乘法进行计算，并以十进位值制为依据用竖式记录计算过程"的大概念。为使"三位数乘两位数"笔算教学能够实现对算理与算法的最大化迁移，"两位数乘两位数"笔算应侧重于算理与算法的探究，引导学生经历格子乘法、面积模型等多种将其转化为表内乘法的学习活动，在数形结合、结构关联中深化对"拆分与合并可助益算理和算法的理解"这一理念的表征。这正是对"整数乘法"单元大概念合理性、普适性的教学实践论证。

总之，通过设定明确、可衡量且有挑战性的学习目标，采用多元化教学法以及注重文化融入和实用性，可以更好地指导小学语文、数学、英语等各学科教学。这些策略的优点在于能够激发学生的学习兴趣、提高学习效果以及促进文化融入。然而，也存在一些局限性，如教师需要充分了解学生的学习需求和学习风格，以及选择合适的教学方法和教材等。未来研究可以进一步探讨如何优化这些策略并应用于更多的小学学科教学实践中。

（二）内容策略

新课标倡导的单元教学打破了传统的单篇教学，使得教学从零散走向整合，从碎片走向关联，从缺乏深度走向迁移运用，从知识教学走向与真实生活的连接，更为关键的一点通过把"死教材"设计为"活课程"，让学生发生真实的学习。在进行单元教学前，需要认真剖析单元内教材资源的共性与独特之处，包含单元内的助学系统，为提炼精准明晰的大概念提供支架。

再以统编语文为例，小学语文三年级上册第六单元以"祖国河山"为主题，编排了4篇选文：描写山水美景的《古诗三首》(《望天门山》《饮湖上初晴后雨》《望洞庭》)；表现海疆风景优美、物产丰富的《富饶的西沙群岛》；描绘南国美丽风光的《海滨小城》；介绍一年四季美丽景色和丰富物产的《美丽的小兴安岭》，单元《习作》"这儿真美"要求学生写一处身边的美景。单元的选文与编排可谓独具匠心，内容上，从高耸的天门山到碧波漾漾的西湖，从迷人的洞庭湖到美丽富饶的西沙群岛，无不是中华民族珍贵的瑰宝；放眼纵览，从祖国的东南西北再到身边的美丽小景，都让人感受到美景无处不在；从时间上看，不论是由古至今的历史变革，还是由春到冬的四季变化，都让人从中感受到中华民族的幅员辽阔，领略到祖国河山的美丽风光，产生热爱祖国的情感。

课文学习应引导学生学习从段落的开头、中间、结尾找关键语句，理解段落的意思。单元内课文递进式练习"借助关键语句理解一段话的意思"，《富饶的西沙群岛》一文以泡泡的形式提示学生关注关键语句；《海滨小城》的课后习题引导学生从段落中找出关键语句；《语文园地》中的"交流平台"重点讨论、梳理关键语句在段落中的位置及关键语句的作用，"词句段运用"安排了围绕一个句子说一段话的练习。本单元的习作要求是"习作的时候，试着围绕一个意思写"。这是"借助关键语句理解一段话的意思"这一阅读方法在习作中的运用,形成了"由读到写"的学习路径。

不难发现,这一单元所有内容都指向核心词——"关键语句",由此形成了一条鲜明的主线。因此,本单元的大概念就可以确定为"确定与运用关键语句"。

再如小学数学,由于大概念是专家思维的具体表现,内含专家思维的数学知识内容,无疑也是提取单元大概念的重要来源。数学知识的产生、内涵发展都有一定的时代背景或历史根源,大多跟人们的生产实践与认知需要密切相关,其间也包含了专家思维。因此,借助包含专家思维的数学史料、学术著作等资源去追溯数学知识的本原,同样可以从中发现单元大概念。比如,"两、三位数除以一位数的笔算"单元就可以通过追溯本原的方法提取单元大概念。查阅数学史料发现,除法运算方法多种多样,最早可以溯源至古埃及的"加倍与取半"算法,在计算 19÷8 时,先是对除数 8 加倍或取半,同时对相应结果加倍或取半,直到加倍或取半后的数字之和等于被除数 19,商则是加倍或取半数 16、2、1 对应结果之和,10 世纪末期,热贝尔提出的算法与现在的除法竖式比较接近,计算时把 8 变成 10－2 的形式计算,但不是采用最大数试商,而是取便于计算的数作商。

(三)学习策略

课程标准指出,义务教育各学科课程结构遵循学生身心发展规律和核心素养形成的内在逻辑,以生活为基础,以学科实践活动为主线,以学习主题为引领,同时强调课程实施要从学生生活实际出发,创设丰富多样的学习情境,设计富有挑战性的学习任务。这就要求我们在单元教学中,除了认真研究单元教材内容及其特点,还需厘清教学起点,尊重学生已有的生活经验和知识储备,整合提炼与学生生活相关联的大概念。

以统编教材小学语文五年级上册第三单元为例,谈谈如何以学为中心提炼大概念。本单元是"民间故事"单元,民间故事是古代劳动人民创作并以口耳相传的形式传播的口头文学作品,是前人留给我们的智慧结晶,沉淀着劳动人民丰富的情感,蕴含着民族文化深刻的内涵。了解和学习民间故事,是继承和弘扬优秀传统文化的重要内容。本单元选编了《猎人海力布》和

《牛郎织女》两个民间故事。根据篇幅和教学需要，《牛郎织女》分成了两部分。《猎人海力布》和《牛郎织女（一）》为精读课文，《牛郎织女（二）》为略读课文。这两个世代相传的民间故事，主人公都是普通的劳动者，故事情节蕴含着丰富的想象，充满浪漫色彩，表达了劳动人民对幸福美好生活的期盼与追求。

本单元的语文要素是"了解课文内容，创造性地复述课文故事"。从阅读要素的纵向关联来看，这是在中年级"详细复述""简要复述"的基础上提出的进一步要求，旨在让学生把故事讲得更生动，更有吸引力，发展创造性思维，培养丰富的想象力。从阅读要素的横向关联看，"创造性复述故事"的方法，在《猎人海力布》《牛郎织女（一）》的课后题、语文园地"词句段运用"栏目中都有相关的练习。"交流平台"梳理总结了创造性复述故事的基本方法，其中提到的转换人称（观察角度）和情节调整（结构的变动）都属于复述中的转述，并不是创造性地复述，习作"缩写故事"更介于提要式转述和改编式转述之间。由此，上述内容均可以归为"复述"这一技能。口语交际安排了"讲民间故事"的活动，旨在将学到的方法进行实践运用。

复述是创造性复述的基础。通过实践发现，学生喜欢听故事，也乐于讲故事，更爱编故事。学生能复述好，但不一定能在复述中进行创造，而学生复述不好也不影响其创造性。细究学生复述不好的原因，有方法的原因，但更多的是练习动力不足、练习时间不够、练习组织不力、练习质量不高等，虽然这些因素并不影响其创造性。结合教学经验，学生在创造性地复述课文故事时，转换人称和调换情节顺序并不难，也能发挥想象添加情节。问题集中出现在添加、创编情节上，具体表现为脱离故事情境，脱离故事主题添加情节后容易忽略细节；读通故事不难，但如何提取主要情节有一定的难度。深层问题可能有二：一是学生不明白情节的作用，即缺少标准；二是缺少情节创编的形式支持，即缺少思维路径或模型。因此，了解学生的学习起点，就为提炼本单元的大概念提供了基础。

据此，确定本单元的大概念为：发现民间故事的特点，运用合适的支架把握故事主要情节，学会创造性地复述。

再看小学数学学科，可以聚焦学习的任务策略提炼大概念。大概念的理解与建构是建立在具体情境、核心问题或核心任务的基础上，经由抽象与具体联通、互动的路径将认知不断向上聚拢、融合的过程。换言之，指向问题解决、目标达成的核心任务也有可能就是单元大概念。比如，"方程"单元共包括"用字母表示数""简易方程"两部分内容，前者是后续认知的基础，需要将之融入"方程"单元做内联性思考，其教学主旨应是"引导学生用字母或代数式表示特定未知数"，为列方程解决问题"设未知数、表示未知量"夯实基础。"简易方程"中的"方程的意义、等式的性质、解方程"三块内容共同指向"寻求未知数"，"寻求未知数与已知数间的等量关系"则是列方程解决问题的关键环节。由此发现，"方程"单元的教学主要是围绕"表示未知数、寻求未知数、寻求未知数与已知数的相等关系"这三个核心任务而展开的。张奠宙先生为凸显"方程"思想的核心价值与认知本质，也对方程做了重新定义："方程是为了寻求未知数，在未知数与已知数之间建立起来的等式关系。"因此，"基于未知数与已知数的相等关系，可以寻求未知数"的大概念，就像是清晰明确的航标，引领着教师和学生不偏不倚地围绕核心内容、关键问题开展相应的数学活动。

除此之外，还可以在上述三个策略的基础上，综合提炼大概念。

譬如，首先，可从知识的本源中提取大概念。在知识的本源处往往能发现所蕴含的基本思想和高观点，回归知识本源，明确其本质，这也是提取单元大概念的一个重要方法。例如整数、小数的认识，整数 26 是由 2 个十和 6 个一组成的，小数 0.26 是由 2 个 0.1 和 6 个 0.01 组成的，引导学生发现小数与整数一样，都是围绕计数单位展开的，相邻两个计数单位之间的进率是十，并且数是由计数单位及其个数累加而成的。因此，"计数单位"就是数的认识内容中的大概念。教学中，教师应回溯知识的本源，求其根本去提取大概念，以大概念为主线对相关知识进行沟通和联结，帮助学生掌握数学的本质，完善认知结构。

其次，可从任务的核心中提取大概念。例如小学语文教材中，每一单元前都有引导性的导读部分，这能够有效地给学生提供明确性的指示目标，让学生对单元内在的知识有整体的把握。在探索大概念的教学中，聚焦学科性质，从任务的核心中凝练大概念，比如，统编本小学语文五年级上册第七单元由《古诗词三首》(《山居秋暝》《枫桥夜泊》《长相思》)、《四季之美》《鸟的天堂》组成。本单元的人文主题是"四时景",本单元的语文要素是"初步体会课文中的静态描写",引导学生明确本单元学习的核心任务,确定本单元的大概念为"动静之趣"。

第三,从可迁移的方法中提取大概念。选择具有"可迁移性"的大概念极为重要。比如,《多边形的面积》是人教版数学五年级上册的内容,其中包括平行四边形的面积、三角形的面积、梯形的面积以及组合图形即不规则平面图形的面积。所要学习的相关图形的面积公式推导都采用了"转化"这一思想方法,再进一步挖掘与分析,本单元还着重培养学生"数学抽象"这一核心素养,即从各种图形面积的计算方法中抽象出"转化"这一共同的思想方法。由此可见,"转化"这一数学思想巧妙地将数学知识(平面图形面积的求解问题)和数学核心素养(数学抽象)连接起来,并且"转化"思想具有极大的迁移价值,即能够有效地将纵向学科内、横向校内外情境联结起来。因此,"转化"这一数学思想方法具有"可迁移性"的特征,理应成为《多边形的面积》这单元的大概念。

第四,可从共同的结构中提取大概念。长度、面积、体积、质量等计量单位表示物体不同的特性,怎么提取大概念,将零散的知识串成线,连成网?首先让学生列举不同计量单位相邻单位之间的进率,如长度单位:1厘米=10毫米,1分米=10厘米,1米=10分米;再如面积单位:1平方厘米=100平方毫米,1平方分米=100平方厘米,1平方米=100平方分米;其次让学生比较发现同种计量内部都有一个共同的结构,长度单位相邻单位的进率都是10,面积单位相邻单位的进率都是100,即相邻单位的进率都是相同的,即"等比"递进结构;最后从中提取"相邻单位进率都是一致的"这一大概念。利用共同的结构中提取大概念,帮助学生在学习其他单位时,用"相邻单位进率都是一致的"大概念去思考、探究。

第五,可从相应的素养中提取大概念。《义务教育数学课程标准(2022年版)》明确了"三会""十一个关键词"的数学核心素养。统计与概率领域,不论是百分数、平均数、可能性、条形统计图、折线统计图、扇形统计图等,只是形式的不同,都是描述统计信息的方法,本质上都在于承载其中的数据信息，这些信息，有助于我们进行判断、推断、决策等。比如，统计与概率领域的"随机现象发生的可能性"，在新课标的课程内容里的要求是"让学生了解简单的随机现象，感受随机现象发生的可能性的大小，感悟数据的随机性，形成数据意识"，这就是单元的大概念。

总而言之，单元大概念的提炼并没有现成的概念框架，而是结合学科素养、学习起点与文本特质等相关要素进行综合的提炼，发掘单元或文本间隐秘的通道，从而实现义务教育新课程方案提出的理念和要求："探索大单元教学，积极开展主题化、项目式学习等综合教学活动，促进学生举一反三、融会贯通，加强知识间的内在关联，促进知识结构化。"

第二节　各学科大概念提炼的特殊性

一、大概念提炼的学科特殊性

大概念是学科的大概念，基于大概念的大单元教学也是指向学科大概念的大单元教学。即是说，大概念提炼有着学科特殊性的要求，需要体现学科本质、学科特性和学科价值。

（一）大概念与语文学科特性

就语文学科而言，想要培养学生的学科核心素养，必然不能沿用传统的单篇教学、碎片化教学方式，必须谋求一种新的方式来促进学生全面发展。在以往的教学中，常常秉持的是基于事实性知识的学科知识观，注重学科知识的学习和复现。

而基于核心素养的语文课程秉持的则是基于深度理解的学科知识观，倡导师生在学习的基础上超越学科知识，指向理解与迁移运用，本质上是对学科大概念的理解。指向核心素养的语文学习，首先强调其真实性，即要有真实情境与真实的学习任务的介入。而大概念对于学生知识的学习和运用具有整合作用，单元教学则是大概念的教学实践载体，基于大概念的语文单元教学有利于整合单元目标、内容、任务、情境形成一个完整的教学单位,从而打破短浅的、孤立的"课时主义"陷阱,回应核心素养的呼唤。

以概念为本的语文大单元教学需要有一个清晰的主题或核心概念,这个主题或核心概念可以是一个文本、一个文学作品、一个文化现象等等。然后,教师需要围绕这个主题或核心概念,设计一系列的课程单元,每个单元都聚焦于这个主题或核心概念的一个方面或一个层次。

以五年级上册第六单元为例,教材编排了三篇课文(《慈母情深》《父爱之舟》《"精彩极了"和"糟糕透了"》),通过三个感人的故事,从不同角度表现了父母对孩子的爱,其人文主题"舐犊之情"非常鲜明。单元语文要素包括两个方面:侧重阅读的是"体会作者描写的场景、细节中蕴含的感情",侧重表达的是"用恰当的语言表达自己的看法和感受"。依据单元主题、语文要素以及课后习题和交流平台的相关内容,可以提取出如下大概念:阅读时,品味印象深刻的场景、细节,能更深切地体会作者的情感;写作时,把情感藏在细致的场景、细节描写中,更能打动读者。这个大概念既符合课程标准规定的第三学段的阅读、习作目标——"体会作者的思想感情,初步领悟文章的基本表达方法""阅读叙事性作品,了解事件梗概,能简单描述自己印象最深的场景、人物、细节,说出自己的喜欢、憎恶、崇敬、向往、同情等感受""能写简单的记实作文和想象作文,内容具体,感情真实"[①],又消除了阅读和习作的思维屏障,有利于实现读写融通、读写互促。

在每个单元设计中,教师需要提供相关的阅读材料、文本分析、背景知识等信息,帮助学生逐步深入地理解这个主题或核心概念。同时,教师还需要引导学生进行思考、讨论、写作等实践活动,以促进学生的语言能力和思维能力的发展。不断地迭代和深化,学生可以逐渐地深入理解这个主题或核心概念,并能够在不同的语境中运用所学的知识和技能。

以寓言的理解为例,统编教材在三个学段都编排了寓言故事,如第一学段的《乌鸦喝水》《狐狸和乌鸦》《坐井观天》《狐假虎威》《寓言二则》,第二学段的《守株待兔》《陶罐和铁罐》《鹿角和鹿腿》《扁鹊治病》,第三学段的

[①] 中华人民共和国教育部. 义务教育语文课程标准(2022年版)[M]. 北京:北京师范大学出版社,2022:3.

《自相矛盾》。低年级主要是读懂故事，结合故事内容说一说自己的想法和感受；中年级要理解故事蕴含的道理，发现寓言故事与现实生活的关联；高年级要理解中国古代寓言故事的特点，能用寓言故事来劝诫别人和反思自省，发展类比联想和譬喻思维。就这样，在螺旋式上升的学习进程中，在越来越复杂的问题情境中，学生不断发展"协同思考"，不断深化对寓言的理解。这种迭代的课程逻辑可以帮助学生逐步构建知识和理解的过程，同时也可以提高他们的语言能力和思维能力。[①]

（二）大概念与数学学科特性

就数学学科来说，使用大概念来进行数学教学的目的不仅仅是为了让学生建立一个概念体系，更重要的是让学生通过大概念来认识数学概念及其联系，体验数学学科的魅力，并掌握数学学习的方法。

从整个数学知识体系的角度来看，我们可以发现大概念是促使学生自主学习的一个重要支点。例如，在除数是两位数的除法这一单元中，除数是一位数除法与除数是两位数除法的一致性，以及算理的本质是计数单位的均分作为大概念支点帮助学生进行知识迁移和自主学习。这一单元是在学生已经学习了除数是一位数的简单口算、笔算，一位数乘多位数，两位数乘两位数，三位数乘两位数和乘法中常见的数量关系的基础上进行学习的。学生在学习除数是一位数的笔算除法时，已经掌握了除法的基本方法。除数是两位数的除法的计算原理与除数是一位数的除法原理相同，只是试商的难度加大了。在用一位数除时，利用乘法口诀就可以求出一位恰当的商。而在用两位数除的过程中，要确定一位商是几，不仅和除数十位上的数有关，而且还和除数个位上的数有关，计算过程比较复杂，有时需要试两三次才能求出恰当的商。

因此，学习该内容的关键是引导学生理解算理的本质，以大概念为支点掌握试商的方法。数学教学的一个基本追求是让学生获得有意义的学习体验，而这个体验应围绕大概念展开。因此，大概念是数学学科知识的关键要点，掌握了大概念教学，也就掌握了数学知识的整体结构。借助大概念，学生通常能够在数学学习中迁移和应用知识。作为小学数学教师，我们应该在教学

[①] 吕映.语文学科的"大概念"：概念辨析、要义解读与研究展望[J].语文建设，2021（18）：20—26.

过程中有效地引导学生理解大概念，并为大概念的教学设计一个恰当的情境，让学生在情境中全面体验学习过程。考虑到当前数学教学的一个重要目标是培养学生的数学核心素养，利用大概念教学恰好可以为学生的数学抽象和数学建模提供一个良好的情境，使学生能够在这个情境中从一个大概念逐渐扩展到一组数学概念，进而发展学生的逻辑推理能力，形成数学建模能力。

因此，大概念教学对于数学学科核心素养的培养来说，也是有着重要意义的，深刻和准确认识学科是提炼学科大概念的根本前提和基础。数学大概念是基于数学学科本质及对核心内容的意义构建，经过理解与概括而形成的统领性表达与结构化设计，是大概念理念在数学学科教育中的综合运用与实践落地，是学生发展数学具体与抽象的协同思维，以及对所学知识不断现实化的概念性工具和结构性聚合器[①]。

一般来说，数学大概念具有以下基本特征——

首先，数学大概念是学生理解数学本质的关键。大概念体现了专家思维，理解数学的本质需要像专家一样思考，构建地图和网络。这些地图和网络包含具体的例子和抽象的原理，形成复杂的认知结构，其中具体和抽象相互融合、相互作用，促使学生根据自己的理解构建多层次、多联系的认知结构，从而实现高水平的知识迁移和学习创新。例如，在学习三角形这一单元时，在学习三角形的内角和这一知识点的过程中，转化的数学思想像一张网将各种图形串联起来，形成一定的知识结构。先通过将直角三角形转化成已知的正方形或长方形得到三角形的内角和是180°，再通过剪拼或折拼的方法将锐角三角形和钝角三角形转化成直角三角形、长方形或是一个平角，得到锐角三角形和钝角三角形内角和也是180°，不论是转化成哪一种图形，它们所蕴含的数学方法和数学思想是相同的，都是转化，因此通过本单元的数学大概念"转化思想和方法"，有效地构建了学习网络，实现了知识迁移和学习创新。

其次，数学大概念为学生提供了参与探索活动的机会。大概念是不同领域的专家思考和解决问题的方式，对小学生来说，大概念的内涵和意义是隐

---

① 于勇. 数学大概念的内涵解析与单元大概念的提取策略［J］. 中小学班主任，2023（16）：3—6.

性的，是需要破译和探索的。大概念越大，其现实性和背景性就越弱，理解起来就越困难。这说明，大概念是需要不断深入研究的，学生只有通过对基本概念的不断探索，才能达到充分理解的目的。

最后，数学大概念具有很高的迁移价值，为数学与其他学科和学生生活的联系搭建了脚手架。数学大概念将多种数学事实、现实世界的现象和实例以及不同层次的概念整合成一个整体的认知结构，其知识性较弱，而普遍性较强，理解大概念需要学生有一定的理解和迁移能力。一旦对大概念有了更好的理解并建立了层次结构，就可以将其应用于课外活动、同一学科的后续课程或校外的其他情境中，从而在更大范围内实现知识迁移。

（三）大概念与英语学科特性

2022年版英语新课标明确指出"英语课程体现工具性与人文性的统一，具有基础性、实践性、综合性的特征"。

教学中，教师要坚持工具性与人文性融合统一的原则，着力培养学生的语言能力、文化意识、思维品质和学习能力等核心素养。语言能力是英语核心素养的基础要素。

培养学生语言综合运用能力，主要有运用语言技能（听、说、读、写）、语言知识（语音、词汇、语法、功能、话题），文化意识（文化知识、文化理解、跨文化交际意识和能力），情感态度（兴趣动机、自信意识、合作精神、祖国意识、国际视野）和学习策略（认识策略、调控策略、交际策略、资源策略）五个方面。语言技能脱离不了语言知识，语言知识是文化意识的反映，文化意识建立在情感态度之上，情感态度影响着学习策略，学习策略又制约着语言技能的发展，其关系是环环相扣，相辅相成。因此，英语学科的大概念教学需要体现工具性与人文性的统一的特性。譬如，闽教版英语五年级上册综合板块（Part A，B和C）的学习，Part A和B就像一个绘本对话场景，在故事的场景中培养学生的阅读能力至关重要。Part C更多是有关于人文方面的歌曲学习。现就闽教版英语第三单元"Planning a trip"，来谈谈工具性与人文性的融合与统一。在此，案例分析选取的是福建教育出版社五年级上册第三单元Planning a trip的三个板块。Part A讲述了Sally和Wang Tao在讨论国庆节假期旅行的计划；Part B是有关目的地天气的讨论及月份的学习；

Part C 总结了前两个部分所学的句型，进行歌曲的学习和运用。

英语新课标指出，学习和运用英语有助于学生了解不同文化，比较文化异同、汲取文化精华，逐步形成跨文化沟通与交流的意识和能力，学会客观理性看待世界，树立国际视野。因此，英语学科的大概念教学需要体现国际性培养学生的跨文化意识、增强爱国主义精神并树立学生正确的世界观、人生观和价值观。闽教版第三单元"Planning a trip"从旅行的角度出发，横向介绍了北京、台湾、武夷山等多地的人文特征，学生自身也了解一些不同地区的文化和出行方式，要抓住机会让学生分享自身想法，同时在分享之后还应适时进行补充。在人生观、价值观层面，教师要引导学生借助教材提供的情境，学会辨别正确的人生观和价值观，如本课时中 Sally、WangTao 以及 Mali 不同的假期安排，学生应该如何选择不同交通方式？哪一种交通方式更为合理？这些需要教师进行适当的引导与教育。

英语学科及其大概念的工具性及其与人文性统一、国际跨文化性等特性，看似是一个很庞大的概念体系，但从实际教学探索中可以发现，英语的工具性可以从思维训练、培养阅读品格两方面考虑，具体以培养归因能力、开放性思维、聚合思维等思路实际操作；英语的人文性注重跨文化意识、爱国主义精神、培养审美情趣和树立正确人生观和价值观，细化为画面的色调、引导学生移情体验角色和日常生活中中国元素的渗透。因此，英语学科大概念的提炼就要体现学科本质特性，它是英语学科所涉及的一系列基本概念、理论、原则和范畴，是英语学科学习的基础，为英语学科核心素养提供了学习的框架和基础。

二、大概念与学科核心素养的落实（课程与教学目标）

如今，教育学界普遍认为立足于大概念的单元整体教学方式是培养学生学科核心素养的有效途径。余文森教授将其视为最有价值的、最容易转换成学科素养的一种知识，它是一门课程的精髓，在教育教学上应该被重点关注，对于培养学生的学科核心素养有着十分重要的作用。由此可见，大概念是落实培养学生学科核心素养的重要抓手。但是，目前我国关于大概念的研究尚处在起步时期，广大一线老师对大概念的含义和价值认识尚浅，有必要从大概念的角度探寻实施该课程的可行途径。具体来讲，从基于大概念的大单元视角，学科课程与教学目标的实现及其学科核心素养的落实，都将会有所创新和突破。

（一）把握整个单元教学的主线，提炼大概念

目前，我国大多数教科书的设置都是以某一个主题作为中心，然后基于各单元的篇章，从多个角度去探索、去建构每个单元的大概念。这就需要老师在进行单元教学前，对教材进行全面的剖析和梳理，确定各个篇章和单元的教学要点及其可能关联的核心素养，因为各篇章的中心要在一定程度上与大概念和本单元的主题意义存在紧密联系。[1]

（二）确定单元整体教学目标，凸显大概念

明确了单元大概念后就要以此大概念为依据，确定直观、全面的单元整体教学目标。探究和落实整个单元的教学目标，实际上也是引导学生将所学到的内容转化为自己的基础能力，进而提升学科核心素养的一个过程。这个单元大概念就是将单元整体教学目标应用到生活实际和真实情境中的大概念，实现了教学内容源于生活又回归生活。在确定了单元总教学目标之后，教师可以依据本单元话题来确定本单元的主题，在确定主题之后，才能决定这一话题应该使用哪些概念性知识。有了主题和概念之后，教师在备课的时候便有了教学的重点和难点，借由主题"滚雪球"式地再现，扩充有关文字，便有了主线。譬如小学英语，以人教版英语五年级下册 Unit 4 为例，该单元的主题是 Special Days，从大概念视角看，该单元主要通过从不同角度谈论学校、家庭、生命的特殊时光，单元内各语篇与单元主题之间、各语篇之间相互关联，构成三个子主题，我们可以按"认识学校的特殊时光"—"感悟家庭的特殊时光"—"感恩生命成长的特殊时光"这条主线把相对独立的各个课时串联起来。

（三）细分单元教学课时，构建大概念

在确立了以大概念为中心的单元总体教学目标之后，要对其进行子课时的细分和规划，并对每个单元的每一节课进行详细的、有针对性的分段教学

---

[1] 王德美. 大概念视角下的高中英语单元整体教学设计［J］. 合肥师范学院学报，2021（4）：99－102.

目标的确定。① 探索并确定单元分课时教学目标的过程，其实就是对整个课程的总体目标进行分析与重建，这也是与单元主题和大概念建立紧密联系的过程。以"大概念"为基础的单元课时划分，不同于传统的以"小概念"为主线的英语课时划分方式。它以大概念为主线，以单元为单位，依次进行了整合和有序的划分，从而反映了整个英语课程的实施进程，促进了大概念在课堂中的扎根。② 我们选取人教版英语五年级下册 Unit 4 作为研究对象，对新课改后的教学目标进行了初步的探讨。这一单元的标题是 When is the art show? 首先，我们确定了这个单元的主话题是 Special Days，接下来从五年级学生的知识基础和学习特征出发，可以把本单元划分为四个课时子话题：Special days at school，Special days for family，Special days of two new kittens 和 Special days for Zoom。

（四）设计单元学习活动，迁移大概念

以大概念为依据，设计单元教学实践活动，是达到整个单元教学目标的一个重要步骤。在进行单元教学活动设置时，教师可以把类似英语课标中的"学习理解、应用实践和迁移创新等"类型的活动与学生个人日常生活经验相融合，并且体现在可以分工合作的具体学习活动中。例如小学英语单元教学活动的设计：组内模拟采访、做问卷调查、小组辩论、小组合作、输入与输出相结合的言语活动（listening&speaking, reading&speaking, reading&writing）、绘制思维导图等，以该方法为依据和线索，形成一个前后连贯、难度系数呈螺旋上升的"任务—活动"链条，指导学生对大概念的认识和构建，将大概念运用到新的情境中，以达到对大概念的内化和迁移。③

（五）多学少教、以学定教，落实大概念

在大概念的基础上，教师通过与生活的现实相结合，使学生通过对本单元大概念的理解，实现对其内容内涵的理解，从而实现对现实的生活情境的

---

① 范鸿燕. 基于大概念的小学英语单元整体教学实施现状及优化策略研究［D］. 山东：临沂大学，2022：27.

② 沈洁. 基于大概念的小学英语单元整体教学设计［J］. 教育科学论坛，2022（5）：30—33.

③ 王德美. 大概念视角下的高中英语单元整体教学设计［J］. 合肥师范学院学报，2021（4）：99—102.

理解，并能把自己的看法通过学科的语言正确地表述出来。为此，在具体的学习活动中，应以单元大概念为基础，遵循情境创设—学习活动展开—及时评估反馈三个环节展开。在"教—学—评"一致性的思想下，不仅要将学习活动与学生的经验紧密结合起来，也要将学生的学习目标、学习内容、学习活动和学习评价与每个课程的思想相结合，将各个环节的完整性和递进性表现出来。大概念包含方法论、价值论和知识论三个层面的意义，具有可迁移性，是实现它们之间的对接的有效途径。① 教师应当以培养学生的核心学科素养为中心，将分散的知识进行有机的结合，形成大单元的整体式教学。当然，教学实践活动中的教学结构和具体模式不是一成不变的，教师需要根据教学内容和学生的实际情况做出调整。例如，从语文、英语等语言学科的教学本质出发，以语言运用为目的，在促进学生语言知识的内化和能力的转化的过程中发展学生的学科核心素养。②

（六）通过单元教学评价，夯实大概念

传统的教学评价主要关注的是对学生所学到的特定知识与技巧进行评估，而以大概念为基础的单元整体教学评估则更应该重视对大概念的全面认识与运用。大概念的价值在于"为学生提供理解知识、解决问题的方法，具有持久的可迁移性，可以应用于新的情境"，因此，在大概念基础上进行单元教学评估时，应注重对新情况下新问题的解决能力的培养和发展。③

总而言之，大概念是指向学生核心素养和终身素养发展的重要抓手和基石。它不仅包括知识和技能方面的素养，还包括思维品质、情感态度价值观等方面的素养，这些素养对于学生的未来发展至关重要，能够帮助他们更好地适应社会变化、实现自我价值。著名的苏联教育家苏姆霍林斯基认为：小学阶段的主要任务就是引导儿童学会学习，学会使用工具，并在他们的一生中借助这个工具去掌握知识。他将这个工具比喻成小学毕业后要带进中学的

---

① 范鸿燕. 基于大概念的小学英语单元整体教学实施现状及优化策略研究［D］. 山东：临沂大学，2022：18.

② 沈洁. 基于大概念的小学英语单元整体教学设计［J］. 教育科学论坛，2022（5）：30—33.

③ 顿继安，何彩霞. 大概念统摄下的单元教学设计［J］. 基础教育课程，2019（18）：6—11.

五把"刀",也就是阅读、写作、计算、观察(身边的事物)以及表达(所见、所做、所想)。而在像语文、数学、英语等学科的学习中,大概念就是学生学习中的那把"刀",它能够培养学生的自主学习和自我管理能力,从而帮助他们实现终身学习和自我发展。可见,大概念对于培养学生的自我构建和自我进化,以及培养终身素养等都起着不可替代的重要作用。在新课标引领的教育教学中,教师应该着重引入大概念,帮助学生建立自我认知和自我意识,促进他们的自我进化和终身素养的提升。大概念指向学科结构的中心,在学科核心素养的落实中发挥着重要的作用,与学科核心素养有着潜在的相互联系,并最终促进其有效落实。

第三章　大概念怎么用

大概念怎么用？基于大概念、通过大概念、为了大概念，是大概念使用的基本思路。这一思路体现在以大概念为本的单元整体教学设计的完整过程之中，体现着学科教学价值的基本追求。

第一节　基于大概念（大概念是基础）

所谓基于大概念，是指以大概念为学习的基础，这一"基础"体现在教学时间和教学空间上的优先性。也就是说，学习一个单元，先学习这个单元的大概念，当然这个时候的大概念还是一种比较笼统的直观的大概念，但是它却是学生学习这个单元的基础，有了这样初步认识的大概念，单元学习才能有效进行。作为单元学习基础，就教师而言，表现在教师对单元的整体设计之中，对单元整体进行结构性分析——内容分析、课标分析和学情分析。如此，把单元内笼统直观的大概念不断明晰出来，并将其作为设计单元整体教学的基石，统领大单元教学设计。而就学生而言，对单元大概念的初步接触和感知，可以依托单元预习学案设计来完成，以大概念为基础设计预习思路和自主学习内容，代替原来面面俱到式的平面化、无思考、重记忆的预习。

一、基于大概念设定单元教学目标

大概念的整合性、结构性、迁移性等特性契合核心素养导向的小学英语课堂教学需求。

2022版英语在新课标中，课程内容的组织都是基于主题学习和大概念架构的。比如，新课标设置了人与自我、人与社会、人与自然三类主题语境，单元内容则覆盖了生活与学习、做人与做事、社会服务与人际沟通、文学、艺术与体育、历史、社会与文化、科学与技术、自然生态、环境保护、灾害防范、宇宙探索12类。新课标明确要求，教师要依据这些主题概念，把对主题意义的探究视为教学的核心任务，并以此整合学习内容，引领学生语言知识、文化意识、思维品质和学习能力的融合发展，形成学科大概念。可以说，大概念对单元教学目标起着提纲挈领的重要作用，它集中体现了学科结构和学科本质，领会这些大概念的实质和灵魂才是学习的核心。

识别大概念为教师提取或整合单元目标提供了有力帮助。那么，掌握和理解这些概念就构成了单元教学目标。基于大概念编写单元教学目标，可以采用逆向思维来确定学习目标，即需要确定预期的学习结果，学生在学习活动中应该知道什么、理解什么，或者能够做什么。[①] 如果说确定单元大概念是教学基点，那么建立关键概念联结谱则是教学结点。以单元大概念为核心，建立关键概念联结谱，搭建单元框架，这能确保单元学习目标合理、完整。建立关键概念联结谱，不仅是为了搭建单元骨架，还是为了更好地基于大概念确定单元学习目标。因此，在建立关键概念联结谱之后，可以紧紧围绕关键概念确定单元学习目标。如果单元学习目标与所建立的关键概念无法对应，就说明所确立的单元学习目标可能出现偏差，需要进行修正。

二、基于大概念选择单元教学内容

面对教材中众多篇章、模块和辅助教学内容，教师该如何选择并重构单元内容序列？对于教材编者来说，教材内容是经过特定选择，遵循一定原则构建起来的。大概念理论认为，单元教学内容蕴含了三类知识类型："应当宽泛了解或熟悉的知识，即知识掌握；应当掌握的必备知识和技能，即意义建构；应当深入持久理解的大概念，即知识迁移。"大概念居于三类知识类型的

[①] 唐盼. 大概念：议题式单元教学的基石[J]. 中学政治教学参考, 2022 (25)：45－47.

核心位置，集中体现了单元教学的目标。因此，教师在选择教学内容要综合考量：单元内哪些教学内容是最重要的？需要补充引入哪些教学内容？该如何组织教学内容更有利于大概念的习得？按照这一思路，大概念为学习活动提供了一个选择教学内容和教学方式的依据，单元教学应当将大概念的习得放在教学优先位置。

单元教学的显著特点是突破教材文本的局限，打破单篇教学的思路，基于整体性观念规划单元教学。编写单元教学目标后，教师需要在大概念的指引下，全面系统地再构单元教学文本。单元教学文本再构不是为了增加教学的难度，而是要体现大概念的张力和空间。教学文本可以分为两类，一类是以教材为主的主体教学文本，一类是为了帮助学生语言学习而增加的辅助文本。即是说，大概念教学是针对单元教学内容的整合，将其中所有相关知识意义或功能性相似的知识点综合在一起进行教学。它遵循教材的思路和各单元知识之间的逻辑关系进行，因此更好地理解单元内容。

三、基于大概念设计单元教学活动

大情境、大任务的设计统整了整个单元的学习内容与活动，能有效促进深度学习的发生，支撑学生建构大观念、发展核心素养。事实证明，基于学科大概念的单元整体教学设计[1]，能有效统整碎片化知识，促进学生有效完成知识的迁移和概念的建构，在学科知识、学习技能与学科核心素养间建立紧密联系，对课程改革和课堂教学方式变革有重要价值。[2]

教学活动是单元整体教学目标的落脚点，是理解并运用大概念的重要抓手。在设计课时教学活动时，教师应明确学生在活动中的主体地位，结合学生的学习兴趣、认知水平、心理和年龄特点来确定学习活动的内容及要求。课时教学活动设计应从学习理解到应用实践再到迁移创新逐步提升，指向核心素养，形成一个逻辑关联、层次清晰且螺旋上升的活动序列。大概念的获

---

[1] 王春. 基于学科大概念实施单元整体教学的基本路径[J]. 中小学管理，2021（7）：32—34.

[2] 陈亚红. 大概念与单元整体教学的逻辑关联及实施路径——以英语学科教学为例[J]. 上海教育科研，2023（5）：73—78.

得和理解，是在不断探究问题并完成学习任务中发生的。因此，教师要基于学习目标开发各种学习活动，由学生自己发现并理解大概念，并在小组合作中得到强化。

四、基于大概念实施单元教学评价

为了解学生对于大概念的学习情况，单元教学还要进行教学评价。由于单元教学侧重于学生对可持久理解的、可迁移运用的大概念的获得，因此要以开放性教学评价为主。当学生习得学科大概念后，不仅仅是掌握了一个概念，而且是获得一种内隐的认知工具，它可以帮助学习者应对新情境、解决新问题，也就是课堂中常说的举一反三、触类旁通。因此，学生是否掌握了大概念就成为衡量教学成效的重要指标。教师在进行教学评价时，应该把是否促进大概念的持久深入理解、是否促进学生学习迁移、是否能够激活大概念以应对新问题情况的能力，作为教学评价的重中之重。

第二节　通过大概念（大概念是工具）

通过大概念，是指以大概念为整个单元学习的媒介、工具或手段，比如小学数学中以转化这个大概念来学习几何图形面积这个单元。作为工具的大概念，在单元整体教学中可通过大概念来设计流程和框架、提出问题和思路、创设情境和场景、开展互动和探讨、组织整合和应用，以此充分发挥大概念的串联功能和价值。

一、通过大概念，设计流程和框架

大概念蕴含着丰富的学科价值和教学意义，它为学生学习单元教材、达成单元教学目标提供了有序的认知框架和结构。在这个具有包容整理功能的结构框架之内，学生能够有效把握单元各知识点之间的联系，并从整体的角度去思考，获得对单元知识的深度理解、有效运用和灵活迁移，在单元学习的基础上积淀学科知识，形成学科思维，勾连已有的知识背景，将单元大概念建构在个体的认知结构中，从而掌握学科的核心概念，落实学科核心素养。

以人教版四年级上册第五单元"平行四边形和梯形"为例，本单元是图形与几何领域的内容，新课标要求学生"通过观察、操作，认识平行四边形和梯形"。短短一句话，指出了学生学习图形特征的方法和途径：要以发现为主，而不是仅靠接受。通过不同版本的教材对比，发现各版本教材都很注重抓住图形的本质，让学生通过动手，观察，发现，获得新知。教材是按照线的认识和面的认识这两条线展开教学的。在线的认识中，从两条直线的位置关系引入平行和垂直，再画垂线，学习点到线之间的距离，最后解决问题——画长方形；在面的认识中，认识平行四边形，接着学习梯形和它们之间的关系。从线的认识到面的认识，这本身符合知识的螺旋上升体系，但却不是那么贴切学生的认知体系。首先，这两个板块是割裂开的，特别是在完成画垂线和长方形的教学后，学生很难从两条直线位置关系的角度认识平行四边形和梯形，也就是两个板块在学生认知序列中关联度不高；其次，认识垂线之后，学习了点到直线的距离，然后在平行四边形中认识平行四边形的高，在梯形中认识梯形的高，这些相关知识的学习都是依附于各自的图形进行学习，但这都是点到线、线与线之间的距离，这就导致了知识的联结度不够紧密。

因此，基于以上考虑，抓住"边的位置关系决定了四边形的形状"这一大概念，将本单元的知识结构重组为如下教学顺序：平行与垂直—认识平行四边形和梯形的特征—四边形的关系—画垂线—点到直线的距离、平行线间的距离—画长方形、平行四边形和梯形的高。基于大概念的单元教学，要以提取的大概念为核心，整合单元诸多教学要素，研制教学目标、重构教学内容、创设驱动情境、设计活动任务、落实对标评价，来进行一体化的融合式教学。[①]

[①] 岳敬佩. 小学语文大单元主题教学设计策略初探［J］. 语文新读写，2022（13）：56—58.

二、通过大概念，提出问题和思路

好问题决定好教学，好教学需要一个或一系列好问题的引领。在教学中，教师可以提供一系列引导性的子问题帮助学习者将单元知识结构串联起来。

比如，人教版五年级上册第六单元"多边形的面积"，可以根据"转化"这一大概念设计单元核心问题"如何计算平行四边形、三角形和梯形的面积"，再根据课时内容，将核心问题分解成四个具有内在联系的子问题：（1）怎么将平行四边形剪拼成长方形？你有多少种剪拼方法？（2）平行四边形拼成长方形后，什么变了，什么不变？（3）有哪些方法可以计算出三角形的面积？这些方法背后共同的道理是什么？（4）我们运用这个道理如何计算梯形的面积？这四个子问题将这一单元的知识串成一条线，每个子问题中都渗透着"转化"这个大概念，帮助学习者有系统地学习。

此外，在教学中也能够提供引导性问题来引导学习者开展预测和推断，例如在教学"百分数的认识"一课时，能够根据大概念"会用数据说话"提出引导性问题，如"再比几场，还会是小明胜出吗？""既然这组数据具有随机性，那怎么确定最后派谁去参加比赛？"这系列问题能够深化学习者对百分数的认识，感悟百分数具有随机性，及随机数据达到一定量具有稳定性。通过提供引导性问题，大概念能够帮助学习者更好地理解和应用所学知识，并将学习的历程变得更加生动、互动和有趣。同时，大概念也能够为学习者提供思维和方法的工具，促进学习者的创新思维和解决问题能力的发展。

三、通过大概念，创设情境和场景

创设情境和场景是运用大概念的另一种形式，教师能够利用真实情境、绘本故事和实验等方式，创设一个包裹着大概念的学习场景，从抽象到具体，让学习者在情境中感受、探究和应用所学知识，明白知识是怎么来的，又要用到哪里去。这种方式能够帮助学习者更好地理解概念，促进学习者素养的提升。

例如，在教学人民币的认识时，由于时代的变迁，生活中对于人民币的使用已经被电子支付所替代，学习者缺乏对人民币的使用经验，通过本单元的大概念"培养应用意识"，教师能够先引入一个购物场景，让学习者模拟逛超市的场景，在场景中构建起人民币面额大小的概念，让学习者在实践中理解所学知识。在教学行程问题时，能够通过图画教具，创设山路、目的地等情境，让学习者运用所学知识解决问题，并通过模拟比较，感受速度、距离、时间的关系，进一步深化所学概念。在教学比例时，能够通过一系列日常生活情境，如按比例缩小照片、按比例调配果汁等，让学习者深入了解比例以及比例在生活中的应用。通过创设情境和场景，学习者能够在具体情境下学习和探究知识，不仅兴趣更高，而且更深刻地理解知识点，有助于提升学习效果和质量。

通过大概念的教学，除了提供引导性问题、创设情境和场景外，还必须开展互动和探讨，以及开展知识整合和应用。这系列教学环节能够帮助学习者更全面地掌握和应用所学知识，提升其数学学习的兴趣和能力。

四、通过大概念，开展互动和探讨

开展互动和探讨是大概念教学的重要环节之一，教师能够通过提问、小组探讨、专家角色演练等方式，鼓励学习者积极思考、发表看法，从而促进学习者的参与和合作，达到更好的教学效果。

例如，在教学分数的大小比较时，教师能够通过提问，让学习者思考，深化将两个分数相加，哪个值更大的问题，这样能够让学习者深入理解一个分数的大小概念，通过小组探讨，还能够让学习者开展思想碰撞，运用不同的知识角度解决问题。在教学图形的属性时，教师能够通过让学习者自我验证，发现一系列不同的相似图形，让学习者对图形的属性有深入的了解，创造出更多的解决问题的方法，并在探讨中得到更多的启示。在教学数据的统计和分析时，教师能够通过小组分工与集体探讨相结合，让学习者在掌握基本知识的前提下，开展实际的活动和运用，发现数据中的规律和相关性。开展互动和探讨是大概念教学的重要组成部分，其中学习者在教学历程中的互动、合作和探讨，有助于培养学习者的积极性和创造性，增强学习者的交际技能和逻辑思维，并有效地促进学习者对所学知识的消化和理解。

在组织和开展基于大概念的小学数学教学时，教师还应当关注教学目标和教学效果，通过不断地调整和优化教学设计，让教学历程更加贴合学习者的需求和实际状况，在教学案例中穿插大概念，让学习者深入理解所学知识，将知识转化为实际应用，从而提升教学质量和效果。

五、通过大概念，组织整合和应用

组织知识的整合和应用是大概念教学一个很关键的环节，也可以说是一个教学的高难度环节。知识整合和应用需要在大概念的指导下，将学习者所学到的不同的知识点和概念有机地整合起来，形成一个完整的知识体系，然后进一步将知识应用到实际的问题中去。

例如，在教学分数的加减法时，通过大概念"相同计数单位的累加或递减"的引导，学习者能够将新旧知识进行对比、迁移，发现知识点之间的内在联系，让学生进一步感悟数运算的一致性。这样，学生在面对新问题时，可以迅速地将所学知识进行迁移和应用，提高学习效率，夯实数学素养。在开展知识整合和应用时，教师还需特别注意对学习者思考历程的引导和监控，提供正确的解决问题的方法和思路，强化学习者对知识点的理解和应用水平。有了良好的知识整合和应用，学习者就能够创造性地将所学知识应用到实际情境中去，提升学习者的解决问题的能力和应对复杂问题的能力。

第三节　为了大概念（大概念是目的）

为了大概念，是指通过单元学习，深刻理解和领会大概念，使学生对大概念的掌握由单元学习之前的模糊、笼统到单元学习之后的清晰、深刻，并成为学生核心素养的主要组成部分。在此，大概念就是教学的目的。大概念突破了琐碎、零散的知识，促进知识联结和意义发生。在现实生活中，问题往往是复杂的、跨学科的，大概念促使学生形成的知识联结网络能够帮助其迎接来自社会等多方面的挑战，可依据不同的情境进行适应性调整。[1] 所以

---

[1] 解慧明. 大概念大单元教学 [M]. 北京：中国人民大学出版社，2022：9.

说，大概念不仅仅是学生学习的凭借，也是学生学习的目的，对学生而言，这才是最有价值的。因为，具体知识内容的学习都是为了丰富对大概念的理解，是学生对大概念的理解不断细化、精化、实化。

这样的大概念本身就是核心素养的表现，它是学生带得走的一种思想、一种观念、一种思维、一种方法。把大概念作为学习的目的，意味着大概念在学生的学习中不是一成不变的，学生刚刚开始的时候可能对大概念的认识是大概的甚至是模糊的，是借助一个单元相关知识内容的学习才得以不断清晰和深刻的。把大概念作为学习的目的，既能把书读薄又能把书读厚，这个过程既是不断丰富又是不断提炼的过程。

一、为了大概念的知识统整力，帮助学生构建知识网络

当前的学科知识及其教学通常以模块的形式出现，这样片状知识的学习虽然能在一定程度上帮助学生学习知识内容，但学科知识本身的系统性与连贯性遭到了破坏，碎片化和零散化的知识会使学生认为学科知识繁杂而深奥。而以大概念为核心的各学科单元教学设计致力于帮助学生构建学科知识网络，这种对知识定位更综合、更上位的大概念教学不仅能突破课时局限实现学科间的知识融合，促进学生学科知识的纵向整合，还能突破学科壁垒实现跨情境知识综合，促进学生各类知识的横向联结。这种建立在大概念基础之上的纵横交错的知识通路，更有利于学生加强对各学科知识的系统性认识，引导学生的学科知识由"点"到"面"再到"体"，全方位构建学科知识网络。

例如，在教学"多边形的面积"这一单元时，首先对课程标准进行分析，《多边形的面积》是图形几何领域第三学段"图形的认识与测量"中的重要内容。"图形的认识与测量"包括立体图形和平面图形的认识，线段长度的测量，以及图形的周长、面积和体积的计算，图形的测量重点是确定图形的大小。[1]学生经历统一度量单位的过程，感受统一度量单位的意义，基于度量单位理解图形长度、角度、周长、面积、体积。在推导一些常见图形周长、面积、体积计算方法的过程中，感悟数学度量方法，逐步形成量感和推理意识。

---

[1] 中华人民共和国教育部. 义务教育数学课程标准（2022年版）[M]. 北京：北京师范大学出版社，2022：4.

2022年版数学课程标准从"内容要求""学业要求""教学提示"三个方面进行分析：1. 内容要求，探索并掌握平行四边形、三角形和梯形的面积计算公式；会估计不规则图形的面积。2. 学业要求，会计算平行四边形、三角形、梯形的面积，能用相应公式解决实际问题。3. 教学提示，引导学生运用转化的思想，推导平行四边形、三角形、梯形等平面图形的面积公式，形成空间观念和推理意识。[①] 通过对多边形面积公式的自主探究和深入思考，不断深入理解面积度量的本质，持续感悟"转化"的思想方法，从而实现数学思想方法层面的"通"与"进"，发展学生的推理意识以及直观想象、空间观念、创新意识等数学核心素养。

其次，是学习内容分析，学习内容分析包含纵向分析和横向分析。纵向分析："多边形的面积"是人教版教材五年级上册第六单元的教学内容，从一年级下册开始依次编排了以下内容：平面图形的认识、七巧板的组合图形、长方形和正方形的周长、长方形和正方形的面积、多边形的面积、圆的面积、立体图形的表面积。本单元"多边形的面积"起到一个承上启下的作用，为进一步学习圆的面积和立体图形的表面积打下基础。横向分析：从单元内容分析，本单元将"多边形的面积"分为平行四边形的面积、三角形的面积、梯形的面积、组合图形的面积和解决问题（不规则图形的面积）五个部分进行教学。其中例1、例2、例3属于面积公式推导计算课，是本单元教学的重点。例4、例5属于解决问题应用课，培养学生综合应用数学知识解决实际问题的意识和能力。通过本单元的学习，不仅将帮助学生深入理解面积概念的本质，还要让学生感受与体悟到"转化"是数学学习和研究的一种重要方法，以促进学生知识的迁移和学习能力的提高。

最后，进行学情分析，学生的认知起点是学生在一年级下册认识了平面图形；二年级掌握了七巧板的组合图形；三、四年级已经学习了长方形和正方形的周长与面积，也学习了平行与垂直的知识，会画平面图形的高，具有相应的知识储备。学生处在从分析到非形式化的演绎阶段，属于描述水平。认知特点是学生往往通过几何性质认识几何对象，依照图形的部分和这些部

[①] 中华人民共和国教育部. 义务教育数学课程标准（2022年版）[M]. 北京：北京师范大学出版社，2022：4.

分之间的联系来分析图形，依据经验确定图形的性质和使用这些性质解决问题。认知难点是一方面让学生运用转化的思想方法推导出面积计算公式，积累数学活动经验；另一方面引导学生在自主探索组合图形的面积等活动过程中发展空间观念。

综合以上三个方面的分析，提炼出"多边形的面积"的大概念——运用转化的思想，推导多边形的面积公式，形成空间观念。引导学生在学习新知的过程中，尝试依据新旧知识关联，在实践操作中把未知转化为已知来推理探索，这是今后进一步学习圆的面积、立体图形的表面积等新知的重要学习方法，打通了知识的前联与后延。通过大概念教学使学生的知识实现纵向与横向的联结，从而实现知识的统整化。

二、为了大概念的思维进阶力，促进学生实现深度学习

大概念促使学生不断提高在新情境下解决实际问题的能力和水平，让学生从低阶思维出发，经历认知内化、自主合作探究、完成学习成果，最终形成高阶思维，学生的思维不断发展与进阶才能形成深度学习。因此，在教学中我们要在大概念引领下，关注学生的思维进阶，注重学生的整体发展，促进学生的深度学习。[1]

例如，在教学"条形统计图"时，以"用数据说话"这一大概念引领学生深度学习，课伊始就出示用文字表示的统计结果，让学生选择自己喜欢的方式整理数据。在整理数据的过程中引导学生分析数据，学生在交流合作的过程发现条形统计图的优势，并在进一步的探究过程中明晰数据统计的意义并能对统计结果进行合理的分析，提出可行性的建议。学习并没有就此打住，而是设计深层次的活动让学生现场经历收集数据、整理数据、描述数据、分析数据的全过程，学生在活动中热情高涨。特别是在后面的分析预测环节把整节课的教学推向深入，学生的思维不仅仅是停留在画条形统计图这一低阶思维，而是在一次又一次预测与分析中，思维不断地碰撞，感受到数据的随机性与大数据对数据结果的影响，学生的思维也由低阶思维发展至高阶思维，用数据说话这一大概念引领学生走向深度学习。

---

[1] 杨九诠. 学科核心素养与高阶思维[J]. 教师教育论坛，2017（10）：26.

又如，在教学人教版六年级上册"工程问题"时，先出示例1：一条180米长的道路，如果甲队单独修需要12天能修完，如果乙队单独修18天能修完。如果两队合修，多少天能修完？这是学生第一次接触工程问题，学生在充分阅读与理解的基础上阐述所获得的信息，在表达中明晰题意，在分析与解答中尝试找到问题的解决方法，并列出数量关系式：180÷（180÷12＋180÷18）＝7.2（天）。为了促进学生思维的进阶，教师出示例2改变问题的条件："把180米变成360米，猜一猜多少天能够修完呢？"大部分的孩子猜测可能需要14.4天，教师引导学生动手验证猜想。学生在验证中惊奇地发现还是7.2天，"为什么道路的长度变了，工作的时间却不变呢？"学生提出质疑。听到学生的质疑声，老师再次提出："如果把360米变成36米，又会发生什么变化呢？"学生的好奇心被调动起来，在小组内开始验证，碰撞出思维的火花。学生在交流中发现：完成的时间和道路总长度没有关系。老师适时提出："我们干脆把道路总长这个条件省略掉，行不行？"出示例4：一条道路，如果甲队单独修需要12天能修完，如果乙队单独修，18天能修完。如果两队合修，多少天能修完？有了前面的经验学生的思维更加活跃了，在交流中一下子就发现变中隐藏着不变。

整个教学过程中，通过问题条件的变化，将学生的思维引向深入，通过精心设计的两次追问，让学生对工程问题的理解更加深刻，从变与不变，在数量关系上求同，在工作总量、工作效率的表示形式上辨析，学生由低阶思维上升为高阶思维。同时，学生对这一内在规律的发现和理解还可以迁移至百分数问题的解决之中，对学生的后续学习起到了方法指引作用。学生学会在联系中理解，在辨析中创造，从而实现深度学习。

三、为了大概念的思想发展力，助力学生落实核心素养

核心素养是国家落实立德树人根本任务的重要举措，学科核心素养的形成是一个徐徐图之的过程，使学科核心素养真正体现为学生身上的能力，这其中最重要的一环是找到学科核心素养与学科知识间的榫卯结构，大概念为

学科核心素养的落实提供了新的思考和方向。① 大概念作为固定锚点，它是由知识本位走向素养本位的必经路径和最佳策略，是驱动大单元教学的思维路径，是帮助教师从"教教材"转向"用教材"的主要支架。在学科核心素养和学科内容之间起着承上启下、上下贯通的作用。

例如，在教学"长方形和正方形的认识"一课中，数学抽象是数学的基本思想，是形成理性思维的重要基础，是发展核心素养的关键环节。其数学本质就是帮助学生理解和掌握图形的特征，在探究中积累基本活动经验，借助空间想象，发展学生的直观想象能力，培养学生的空间观念。教学中要把学生的直观想象能力作为认识图形的必备数学素养，促进学生有效地数学探究，激发学生的创造性思维。基于学生的素养本位，教学中要注重培养学生的直观想象能力，结合探究需要，设计操作活动，从纵向与横向两个维度拓宽知识。在本课教学中，让学生先想一想，再摆一摆：

1. 请用三角尺拼一拼，看能不能拼成一个长方形和正方形；
2. 利用小棒分别摆出一个长方形和一个正方形；
3. 在方格纸上画出一个长方形和一个正方形，分别标出它们的长、宽和边长各是多少厘米；
4. 用小正方形纸摆一个长方形或一个大的正方形……

通过这样的操作活动，引导学生借助长方形和正方形特征实践操作，加深他们对长方形和正方形特征的理解，体会长方形和正方形特征的本质属性，感悟蕴含其中的数学思想，培养和发展学生的直观想象能力。在图形的组拼中，用两个完全一样的大三角尺可以拼出长方形，小的三角尺可以拼出正方形，进一步体会图形的特征，同时也为后续学习平行四边形的面积积累经验；在用小正方形拼大正方形或长方形的活动中，学生的推理能力也得到了一定的培养和发展，学生在自主合作、交流中，思维得到启迪；用小棒摆出长方形或正方形实际上就是利用图形特征选择材料进行图形的组拼，在方格纸上画出长方形或正方形，更是方法的提升和发展，在画的过程中借助探究经验和数学发现进行活动，培养了学生的直观想象素养，使得他们的探究能力得

---

① 王露. 基于大概念的小学教学单元教学设计研究[D]. 四川：四川师范大学，2021：6.

到提升，得以进一步理解图形特征，拓宽了学生的数学思维，感悟数学思想。

本节课通过提取大概念，学生的直观想象素养在图形特征的观察、发现和概括中得到充分的培养和发展，活动贯穿在数学学习的全过程。在这一过程中培养学生的观察能力、概括能力和初步的逻辑推理能力，发展学生的空间观念，使核心素养的发展真正落实到数学课堂。

四、为了大概念的学科跨越力，帮助学生实现融合发展

2022年版数学课程标准提出："课程内容的呈现，适当考虑跨学科主题学习，逐渐拓展和加深课程内容，适应学生的发展需求。"[①] 通过大概念教学有助于统整各学科课程内容，可以帮助我们构建跨学科课程。首先，大概念提供了跨学科所需要的方法和策略。因为大概念中的高阶思维本身就具有跨学科的属性。其次，大概念指引了学科间的融合方向和梯度。大概念是基于真实情境与真实问题意义上的学科间的深度融合，而不是简单的拼凑或混合。再次，大概念的学习模式使学习者构建跨学科理解成为可能和必要。

例如，"语言交流是有对象的目的性行为"不仅是语文、英语等语言类学科的大概念，也是数学、科学、音乐、美术、体育等学科的大概念，涉及"数学学科如何对数据统计结果进行描述？"或"音乐学科中如何用音调、音色、节奏来表达情感？"等问题。这是因为数学学科有数学的语言系统，图、表、符号等都是数学语言的构成元素。同样的，音乐、美术、体育等也都有各自的语言系统。因此，这条大概念不局限于语文，而适用于所有学科。又如，基于物理和数学的大概念——"度量观"，基于现实情境，围绕"为什么要度量、如何度量、度量结果如何应用、不同文明的不同度量方式的关系"等，阐述了物理、数学、化学中的不同度量方法和度量标准等，深度拓展了学生的度量视野。

由此可以看出，大概念教学将不同学科基于某一个共同的大概念进行横向联结，跨越两个或者更多知识领域，促进了学科融合与统一。

---

① 中华人民共和国教育部. 义务教育数学课程标准（2022年版）[M]. 北京：北京师范大学出版社，2022：4.

第四章 以大概念为本的大单元教学设计

本教学设计以新课标大单元教学最新理念为纲，立足我校大概念的大单元教学实践探索，经过多轮反复修改论证，不断迭代完善，均为本校原创。其中，主要凸显了大概念为本和"教—学—评"一体化两大特点。

第一，以大概念为本。

本教学设计以表格式呈现，紧紧围绕"以大概念为本的大单元教学"这一核心问题，确定单元主题，明确单元大概念，并简要说明提取大概念的理由，使大概念提取路径一目了然。

接着从学习内容、课标依据、学生情况三个角度，进行具体分析，进一步明确单元大概念，确立基于大概念的单元学习目标。"课标依据"中标"P"的表示在课标第几页，如 P32 表示在课标第 32 页。学习目标编号中，字母为教材版本，第一个数字为年级，第二个数字"1"或"2"表示的是上册或者下册，第三、四个数字表示的是第几单元，第五、六个数字表示的是单元目标的顺序。如：T（统编版）R（人教版）4（四年级）1（上册）05（第五单元）02（第二条目标）。编号既明确单元目标的版本年级单元等各项信息，更便于与下方各课时目标相对应。同时，单元目标围绕大概念精炼提取，做到突出核心重点，明确单元主任务，求精求明，不枝不蔓。

单元教学规划图，围绕大概念，创设大情境，设计大任务，统整单元学习内容，设计单元学习活动。以"种子课"（单元导引课，旨在明确创设单元情境，明确学习任务，为本单元大概念的学习做奠基）、"生长课"（单元学习主体，旨在通过合理且丰富的活动设计，使学生完成单元学习内容，并实现对大概念的不断认知与充分掌握）、"拓展课"（单元总结课，旨在结合单元任务情境，给予展示平台，使学生从学到用，进一步夯实大概念）三种课型展开设计，充分设置各种学生活动，整体观照，互相联系，循序渐进，使单元教学构架完整，实现大概念的深度迭代。

课时目标以图示方式出现，围绕要完成的大单元目标进行设置，同时针对课时任务，兼顾字词、朗读、背诵等基础目标。由此做到重点突出，大概念明确。

第二，强化"教—学—评"一体化意识。

具体课时教学活动过程中，实施路径既体现大单元教学"以大概念为本"这一核心，同时关注学科特点与课时任务，做到路径明晰，目标明确，任务明了。活动过程的设计中，突出"学为中心"理念，活动设计以学生为主体，教师活动以发布任务、提出问题链为主，学生针对任务、问题展开一系列学习合作探究，实现基于大概念的单元目标的达成。但基于小学生年龄特点及学情，教师主导地位仍然不可或缺，因此仍将教师活动放在前，学生活动放于后。教学评价仍然围绕大概念的达成，针对本环节需要落实的课时学习目标，主要从学习过程、学习成效设计与展开，各学科体现学科特质，不断强化"教—学—评"一体化意识。

第一节　以大概念为本的数学大单元教学设计

人教版五年级上册第六单元　多边形的面积

一、单元整体设计（设计：陈秀娟、林碧英、陈琳）

本单元大概念	大概念：运用转化的思想，推导平行四边形、三角形、梯形等平面图形的面积公式，形成空间观念和推理意识。 　　理由一：在课标的课程内容中提出：引导学生运用转化的思想，推导平行四边形、三角形、梯形、圆等平面图形的面积公式，形成空间观念和推理意识。转化的思想方法居于本单元的中心位置。 　　理由二：转化的思想方法是数学学习中很常用也很重要的一种学习方法。运用转化的思想方法，化新知为已知，用学过的知识与方法解决新的问题，"授人以渔"，让学生学会迁移运用，可以有效提高学生学习力。
学习内容分析	从课标要求与教材内容可以看出，本单元平行四边形、三角形、梯形的面积计算公式的推导都用到了转化的方法，转化占据单元的重要位置。 　　从一年级下册开始就依次学习了平面图形、长方形和正方形的周长、长方形和正方形的面积等，本单元"多边形的面积"居于中间的内容，起到一个承上启下的作用，是六年级进一步学习圆的面积和立体图形的表面积与体积的基础。本单元内容有平行四边形的面积、三角形的面积、梯形的面积、组合图形的面积和解决问题（不规则图形的面积）五个部分，其中例1、例2、例3属于面积公式推导计算课，是本单元教学的重点。例4、例5属于解决问题应用课，重在培养学生综合应用数学知识解决实际问题的意识和能力。

续表

课标依据	课程标准从"内容要求""学业要求""教学提示"三个方面对《多边形的面积》作了如下描述： 1. 内容要求：探索并掌握平行四边形、三角形和梯形的面积计算公式；会估计不规则图形的面积。(P32) 2. 学业要求：会计算平行四边形、三角形、梯形的面积，能用相应公式解决实际问题。(P33) 3. 教学提示：引导学生运用转化的思想，推导平行四边形、三角形、梯形等平面图形的面积公式，形成空间观念和推理意识。(P35)
学情分析	认知起点：学生在一年级下册认识了平面图形；二年级掌握了七巧板的组合图形；三、四年级已经学习了长方形和正方形的周长与面积，也学习了平行与垂直的知识，会画平面图形的高，具有相应的知识储备。学生处在从分析到非形式化的演绎阶段，属于描述水平。 认知特点：学生往往通过几何性质认识几何对象，依照图形的部分和这些部分之间的联系来分析图形，依据经验确定图形的性质和使用这些性质解决问题。 认知难点：一方面让学生运用转化的思想方法推导出面积计算公式，积累数学活动经验。另一方面引导学生在自主探索组合图形的面积等活动过程中发展空间观念。
单元目标	【R510601】运用转化的思想方法，探索并掌握平行四边形、三角形和梯形的面积公式，体会探索面积公式的基本思路，形成空间观念和推理意识。 【R510602】会用面积公式计算平行四边形、三角形和梯形的面积，并能解决生活中的一些简单的实际问题。 【R510603】运用转化的思想方法，通过割、补、拼等方法，把组合图形转化为已学过的图形，把不规则图形转化为规则图形，从而求出它们的面积，提高综合应用数学知识解决实际问题的能力，培养实践能力和创新精神。
单元教学规划图	多边形的面积 ├─ 转化策略（起始课）：找准起点 做好准备 ├─ 平行四边形的面积（种子课）：尝试转化 面积守恒 ├─ 三角形的面积（生长课）：四步式转化 ├─ 梯形的面积（生长课）：成果分享 感悟转化 ├─ 组合图形的面积（拓展课）：添补求差 割补求和 └─ 不规则图形的面积（综合应用课）：综合应用

二、单元课时设计

第一课时

【课时内容】

转化策略

【课型】

起始课

【课时目标】

单元目标 R510601
1.感知转化策略,知道使用转化可以把新知转化成旧知,达成问题解决。
2.对本单元知识点进行整体梳理,明确单元知识脉络。

【教学实施路线图】

回顾小数的乘除法是怎样计算的—转化策略起到什么作用—本单元的内容有哪些—能用转化的策略解决吗?

活动过程	教师活动	学生活动	学习评价
一、感受转化 【设计意图】通过复习小数乘除法,让学生回忆算法和算理,明白通过转化可以将新知识转化成旧知识,以达到解决问题的目的,为单元新课探究打下基础。	1. 复习小数乘除法。 2. 让学生感受转化策略的使用。 3. 让学生举出其他应用转化的例子,丰富对转化的认知。	1. 算一算:列竖式计算。 0.8×12 12.5×0.8 32÷0.5 2.275÷0.35 2. 交流:如何将小数乘除法转化成整数乘除法进行计算? 3. 思考:这里的转化起到什么作用? 4. 举例:应用转化的策略学习新知的例子。	**基础练习**(落实课时目标1) 1. 计算6.92÷0.5时,转化成( )÷( ),商是( ),这是根据( )。 2. 请你举出应用转化策略的例子。 **提升练习**(落实课时目标2) 3. 认真阅读课本,画出本单元的思维导图。

续表

活动过程	教师活动	学生活动	学习评价
二、整体建构 【设计意图】建立大单元结构概念，梳理单元知识点，形成对单元内容的整体思考，促使知识结构化，达到培养学生核心素养的目的。	1. 让学生阅读课本的单元内容，整体感知单元知识点。 2. 引导学生思考：能否应用转化策略解决本单元知识点？	完成学习单： 1. 独立阅读第六单元，摘录本单元要学习的主要内容。 2. 小组合作，梳理本单元学习任务，制订学习目标。 3. 交流：能否应用转化策略解决本单元知识点？	**拓展练习**(落实课时目标1) 4. 每个□的面积是1 cm²，你有办法数出下面图形的面积吗？

第二课时

【课时内容】

平行四边形的面积

【课型】

种子课

【课时目标】

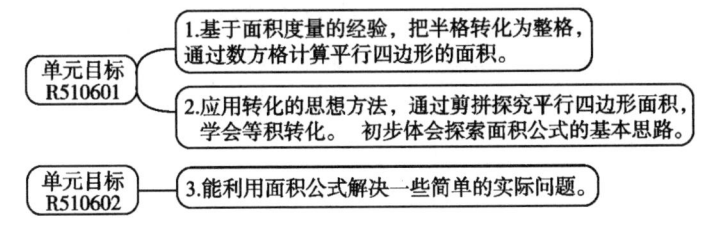

单元目标 R510601 —— 1.基于面积度量的经验，把半格转化为整格，通过数方格计算平行四边形的面积。

2.应用转化的思想方法，通过剪拼探究平行四边形面积，学会等积转化。初步体会探索面积公式的基本思路。

单元目标 R510602 —— 3.能利用面积公式解决一些简单的实际问题。

【教学实施路线图】

数格子计算，感悟面积的本质—如何把新图形转成面积公式已知的图形—找出新旧知识之间的联系—推导出公式—应用公式解决问题

活动过程	教师活动	学生活动	学习评价
一、创设情境 【设计意图】本节课是一节学结构的课，学生需要在这节课中经历"想转化—找关系—推公式"结构过程。第一个环节制造冲突，让学生在真实的情境中自主产生想转化的驱动力。	1. 播放视频，创城活动让莆田变得更美。 2. 问题：需要铺设几块形状为平行四边形的草坪，你会求面积吗？ 3. 制造冲突，激发思考：在推导长方形的面积计算公式时，用到了什么方法？ 平行四边形的面积还能沿用数面积单位的方法来解决吗？	1. 学生观看视频，找出学过的图形。 平行四边形的停车位 三角形建筑平面图 梯形的汽车玻璃 生活中的组合图形 2. 交流：长方形的面积计算公式的推导过程。明确长乘宽表示的意义。 3. 思考：如何沿用数面积单位的方法来解决平行四边形的面积问题？	**基础练习**（落实课时目标3） 1. 计算下面平行四边形的面积。 2. 下面哪个图形的面积可以用"3乘5"表示？

64

续表

活动过程	教师活动	学生活动	学习评价
二、自主探究 【设计意图】学生借助数格子的操作经验，自然而然想到运用剪拼法，把平行四边形转化成长方形，学生凭借表格和图形直观在头脑中逐步勾连起平行四边形和长方形的联系，基于直观思考，使操作、语言与思维有机结合，以流畅的思维主动建立图形要素之间的联系，自主推理得出面积公式，顺利建构起平行四边形面积计算的模型，习得了逻辑推理与数学建模等数学素养，积累图形面积推导的可操作	1. 用数格子方法计算平行四边形的面积。 2. 怎样把平行四边形转化成长方形？ 思考：为什么要沿着高剪开？	活动一： 活动要求： 读：数格子。（数一数平行四边形的面积各是多少？） 思：求平行四边形的面积还能沿用数面积单位的方法来解决吗？ 达：把你的想法与组员交流。 反馈交流后明白，通过半格的移补，仍然可以用数格子的方法。每行个数乘行数等于总面积。 活动二： 读：用你喜欢的方法把平行四边形转化成长方形。 思：还有其他做法吗？ 达：把你的想法与全班交流。 展示学生的作品： 观察以上两种方法，它们有什么共同点？为什么要沿高剪开？	提升练习（落实课时目标3） 3. 下图有面积相等的平行四边形吗？你还能画出与它相等的平行四边形吗？ 拓展练习（落实课时目标2） 4. 你能用推导平行四边形面积公式的"四步式"推导三角形的面积公式吗？试一试。

65

续表

活动过程	教师活动	学生活动	学习评价
性的一般步骤的经验。	3. 建立联系，推导公式。如何推导出平行四边形的面积计算公式呢？	活动三： 观察：转化成的长方形与原来的平行四边形比较，什么变了，什么没有变？ 明确：把平行四边形变成长方形的时候，必须保证面积不变。 展示学生的推导过程： 换公式：概括出平行四边形的面积公式 平行四边形的面积＝底×高 ‖　　　　　‖　　　‖ 长方形的面积＝长×宽	
	4. 小结面积公式推导的一般步骤。讨论：平行四边形的面积公式推导经历了哪几个步骤？	S 表示平行四边形的面积，a 表示底，h 表示高 $S=a\times h=a \cdot h=ah$ 通过交流后总结出"四步式"：确定转化目标—试着转化—找联系—推公式。	
三、巩固应用 【设计意图】通过练习，让学生在运用公式计算的过程中感悟底与高的	1. 出示课本例1。提示：注意书写格式。	独立完成后，全班订正。	

66

续表

活动过程	教师活动	学生活动	学习评价
对应关系，夯实基础。在学习评价中，设置有梯度的练习，提高运用知识的能力，让思维迈向更高层次。	2. 练习十九第1、2、3题。	独立完成后，小组内交流订正。	
四、课堂小结 【设计意图】引导学生通过回忆总结本节课所学的知识和方法，形成知识与方法链。	1. 这节课你学会了什么？有哪些收获？ 2. 本节课主要运用了什么数学思想方法？	学生谈收获。	

第三课时

【单元名称】

多边形的面积

【课型】

生长课

【课时目标】

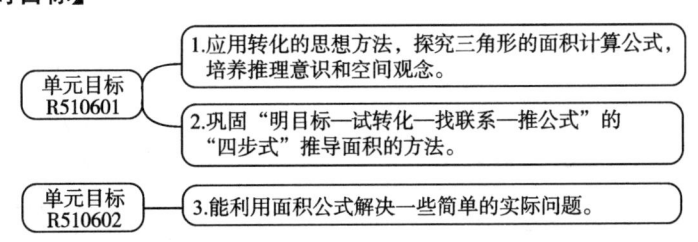

单元目标 R510601：
1. 应用转化的思想方法，探究三角形的面积计算公式，培养推理意识和空间观念。
2. 巩固"明目标—试转化—找联系—推公式"的"四步式"推导面积的方法。

单元目标 R510602：
3. 能利用面积公式解决一些简单的实际问题。

【教学实施路线图】

提出问题：如何求三角形的面积？—回顾转化的思想方法—应用转化的"四步式"探究三角形的面积—应用公式解决问题

活动过程	教师活动	学生活动	学习评价
一、创设情境 【设计意图】在《平行四边形的面积》种子课的基础上进行本节课的学习。本节课的定位是生长课，目的在于深入感受转化的思想方法，并感受转化方法的多样化。	1. 情境：莆田市实验小学的师生们也参与到莆田市创建文明城市活动中，五年（1）班的同学为了全校同学上下楼梯安全，设计了一些三角形安全提示牌，一起来看看。 想知道制作这样的三角形安全提示牌需要多大的铁皮，其实是要求什么呢？ 2. 回顾旧知：我们会求哪些平面图形的面积呢？怎么求？平行四边形的面积公式是如何推导出来的？ 3. 揭示课题：我们用转化的思想完成了平行四边形的面积推导过程，这节课我们继续沿用转化这种方法，一起来探究三角形的面积。	1. 思考：求三角形铁皮的面积需要知道什么条件？ 2. 小组交流：平行四边形的面积的推导过程。	**基础练习**（落实课时目标3） 1.（练习二十第1题）制作一块安全标志牌到底需要多大的铁皮呢？你能求出这块提示牌的面积吗？ **提升练习**（落实课时目标1） 2. 你能计算出这个三角形的面积吗？ **拓展练习**（落实课时目标1） 3. 下面3个三角形的面积一样大吗？

续表

活动过程	教师活动	学生活动	学习评价
二、自主探究、推导公式 【设计意图】本课的主要任务就是要完成知识的迁移，在上节课"明目标—试转化—找关系—推公式"结构的引导下，学生探索三角形面积公式的推导过程，进一步感悟转化思想，重点感受转化策略的多样化，并能应用所学知识解决生活中的实际问题。	1. 想特征 大胆猜想，三角形的面积和它的什么有关系？三角形按角分类，可以分为哪几类？各有什么特征？ 直角三角形　锐角三角形　钝角三角形 2. 试转化 读思达活动（一） 读：认真观察三种三角形的特征。 思：三角形可以转化成哪些已学过的平面图形？如何转化？ 达：把你的想法在小组内交流。 3. 找联系，推公式 读思达活动（二） 读：认真观察转化前后两个图形。 思：它们之间有什么联系？如何计算三角形的面积？ 达：把你的想法在小组内交流。 发现：平行四边形的底相当于三角形的（底），平行四边形的高相当于三角形的(高)。	1. 小组合作，探究三种三角形该如何转化成已学过的图形。 2. 发现三种方法转化后面积的变化。 倍拼法 割补法 折叠法 3. 观察发现转化前后两个图形的联系，发现三角形面积推导公式。 4. 观看视频，感受数学文化的魅力。	

69

续表

活动过程	教师活动	学生活动	学习评价
	平行四边形的面积＝底×高 三角形的面积＝底×高÷2 4. 播放视频		
三、回顾总结 【设计意图】回顾探究过程，明晰公式推导的步骤，形成结构化。深入感悟转化思想，体会转化方法的多样化。	1. 回顾探究的过程和结果，你有什么发现？公式里为什么要除以2？ 2. 对转化是否有了更深的认识？	1. 通过交流，学生进一步理解公式的来龙去脉，掌握公式背后的道理。 2. 学生感悟转化方法的多样性。	
四、巩固应用 【设计意图】通过练习，让学生在运用公式计算的过程中感悟底与高的对应关系，加深理解。	1. 课本例2。 2. 做一做。 3. 练习二十第2题。	独立完成后，小组内交流计算方法。	
五、方法延伸 【设计意图】本节课的学习也为下节课学生自主运用结构探究梯形面积公式打下基础。	1. 学了这节课，你有什么收获呢？ 2. 你能用今天所学的方法解决梯形的面积问题吗？	谈收获。	

第四课时

【课时内容】

梯形的面积

【课型】

生长课

【课时目标】

单元目标 R510601
1. 应用转化的思想方法，按照"四步式"自主探究梯形的面积计算公式。
2. 在探索活动、沟通联系的过程中，提升对转化数学思想的感悟。

单元目标 R510602
3. 能利用面积公式解决一些简单的实际问题。

【教学实施路线图】

提出问题：如何求梯形的面积？—回顾"四步式"的转化方法—小组合作探究梯形的面积—应用公式解决问题

活动过程	教师活动	学生活动	学习评价
一、创设情境 【设计意图】在单元大情境中导入新课，培养学生解决实际问题的能力。	1. 情境：莆田市创城活动持续开展中，大家越来越重视文明出行，礼让行人。小汽车来左去右，井然有序。 观察：车窗玻璃是什么形状的？这块玻璃的面积有多大？ 2. 关于梯形，你们已经知道了哪些？你们还想知道梯形的哪些内容？	1. 观看视频 2. 交流预习成果	基础练习（落实课时目标2） 1. 平行四边形的面积是 5.6 cm²，它是由两个完全一样的梯形拼成的。涂色的梯形面积是多少平方厘米？

续表

活动过程	教师活动	学生活动	学习评价
二、结构运用 【设计意图】本节课是一节总结课，有了平行四边形和三角形面积计算公式的推导基础，本节课的目的是帮助学生形成知识结构，放手让学生按转化四步骤进行自主探究，发展学生的核心素养。	1. 回顾：平行四边形、三角形的面积公式是如何推导出来的？ 2. 思考：梯形的面积可以转化成已学过的哪些图形？ 3. 探究：按照转化"四步式"探究梯形的面积计算公式。 （既定转化目标—试转化—找联系—推公式）	1. 小组交流面积的推导过程。强调"四步式"。 2. 通过交流得出：梯形可以转化成长方形、平行四边形、三角形，这些的面积公式是已知的。 3. 小组合作探究，并交流展示面积推导的过程，相互补充。	提升练习（落实课时目标3） 2. 一个零件的横截面是梯形（如下图），上底是 1.6 cm，下底是 2.4 cm，高 0.8 cm。这个零件横截面的面积是多少平方厘米？
三、梳理建构 【设计意图】沟通图形间的内在联系，帮助学生建立起以长方形面积为基础，将未知转化为已知的转化结构。	1. 探究：梯形公式是万能面积公式？真的吗？ 2. 学过的平面图形面积计算公式比较小结，沟通联系。	1. 观察发现梯形公式是万能公式。 2. 进行知识与方法的梳理，深刻感悟转化方法在学习数学中的重要性。	拓展练习（落实课时目标3） 3. 不计算，你知道下图中哪几个梯形的面积相等，为什么？ 我是这样想的：

续表

活动过程	教师活动	学生活动	学习评价
四、应用练习 【设计意图】设置了解决实际问题的练习题，通过练习，加深学生对梯形面积计算公式的理解和记忆，进一步提升解决问题的能力。	1. 出示课本例3。 2. 做一做。 3. 练习二十一第1、2题。	1. 独立解例题，全班订正，强调规范书写。 2. 独立解答，小组内交流订正。	
五、回顾总结 【设计意图】本节课的学习为下节课运用知识解决实际问题打下基础。	学了这三节课，你有什么收获呢？	谈收获。	

第五课时

【课时内容】

组合图形的面积

【课型】

拓展课

【课时目标】

单元目标 R510603 — 1.熟练运用转化思想，自主探究组合图形的割、补等多种转化方法与计算方法。

2.培养学生识图的能力和综合运用有关知识解决问题的能力。

单元目标 R510602 — 3.熟练利用面积公式解决实际问题。

【教学实施路线图】

什么是基本图形、组合图形？—如何把组合图形转化成学过的基本图形—多种方法计算组合图形的面积—应用割、补等转化的方法解决问题

活动过程	教师活动	学生活动	学习评价
一、创设情境 【设计意图】根据出示的选择题，了解学生对基本图形面积的掌握情况，摸清学情，从而为本节课的顺利学习奠定基础。	1. 出示七巧板图，问：同学们都玩过七巧板吧，在七巧板里都有哪些图形呢？ 教师指出：这些图形就是基本图形。 2. 如何计算这些基本图形的面积？	1. 观察：有正方形、长方形、三角形、平行四边形、梯形。 2. 回忆各种图形的面积计算公式。	**基础练习**（落实课时目标1） 1. 下列图形是由哪些简单图形组合而成？ **提升练习**（落实课时目标3）
二、自主探究 【设计意图】这里如果照搬例题4进行教学，学生们一般会选择两种常用的分割方法，而不会想到补图形的方法，所以改变了例题，把练习二十二的第2题的计算队旗的面积作为探究学习更具典型性。	1. 认识组合图形。 出示教材第99页的各种图形。 观察：这些物体的表面分别是由哪些基本图形组成的？可以在图上画一画，分一分。 小结：什么是组合图形？ 2. 探究计算方法。 出示带有数据的少先队队旗图片。	1. 分一分、画一画后回答房子、风筝、队旗各是哪些图形组成的。 2. 独立完成面积计算后小组交流。思路上通过割、补、移的方法，把组合图形的面积转化成几种基本图形面积的和或差。 3. 至少掌握两种转化方法。	2. 一个指示牌的形状如下图，求它的面积。

续表

活动过程	教师活动	学生活动	学习评价
	探究任务： (1) 用自己喜欢的方法求出图中少先队旗的面积。 (2) 可以在图上画出你的思路，然后再求出面积。 (3) 完成后小组交流讨论，看哪一组的方法多。		**拓展练习**（落实课时目标2） 3. 计算下面图形的面积。 (1) ![图1] (2) ![图2]
三、巩固提高 【设计意图】练习的设计是加深学生对本节课知识的巩固，在设计上，直接采用教材丰富的资源，由浅入深，遵循学生的思维特点。	用两种方法，完成： 1. 教材第101页练习二十二第1题。 2. 教材中的例题4。	独立完成后，小组内交流计算方法，小组再派代表全班汇报。	
四、课堂总结 【设计意图】引导学生通过回忆总结本节课所学的知识和方法，强化知识间的关联，形成知识与方法链。	1. 这节课你学会了什么？有哪些收获？ 2. 本节课主要运用了什么数学思想方法？	1. 从多方面谈收获。 2. 主要运用了转化的数学思想方法，这与前面几节课是一脉相承的。	

第六课时

【课时内容】

不规则图形的面积

【课型】

综合应用课

【课时目标】

单元目标 R510603
1. 借助方格子"分类数"和"转化算"的方法来估算不规则图形面积。
2. 再次感受转化的数学思想方法，提升思维能力和估算能力。

单元目标 R510602
3. 熟练利用面积公式解决实际问题。

【教学实施路线图】

提出问题：如何计算不规则图形的面积—数格子分类算—如何转换成学过的规则图形—多种方法计算面积—应用分类算与转化算等方法解决问题

活动过程	教师活动	学生活动	学习评价
一、激趣导入 【设计意图】创设生活情境，增加趣味性，感受数学的价值。回忆学过的方法，开启新的探究，承上启下。	出示图片：秋天，树叶的图片。 谈话：秋天一到，到处都是飘落的树叶，老师想把这美丽的树叶带入数学课里。以数学的眼光观察，它是一个不规则的图形，那么面积如何计算呢？	通过交流方法，会想到剪拼法、画出格子等方法。	**基础练习**（落实课时目标1） 1. 方法一：数方格满格的一共有（　）格，不是满格的有（　）格，如果把不满一格的都按半格计算，这片叶子的面积大约是（　）cm²。
二、探索方法 【设计意图】借助方格纸估计不规则图形（树叶）的面积，这	1. 出示教材第100页情境图中的树叶，在树叶上摆放透明的每格1平方厘米方格纸。	拿出树叶及小方格纸。 1. 观察发现：树叶有的在透明的厘米方格纸中，出现了满格、半格，还出现了大于	

续表

活动过程	教师活动	学生活动	学习评价
是估算思想在图形与几何中的应用。让学生经历解决估算不规则图形面积的全过程，培养学生的估算意识，掌握估算的方法，体会估算策略和方法的多样性。	问：观察图形，你有什么发现？ 2. 自主探索树叶的面积。 要求：以小组为单位研究如何计算树叶的面积，你有几种方法？	半格和小于半格的情况。 2. 方法一：数格子，整格的18格，不是满格的也有18格，按半格算，总共大约是27格。 方法二：转化为近似的平行四边形。	方法二：转化法 将这片叶子的图形近似转化成平行四边形，底是（　　）cm，高是（　　）cm，根据（　　）的面积计算公式，它的面积大约是（　　）cm²。 **提升练习**（落实课时目标2） 2. 估测下面图形的面积大约是多少平方厘米？
三、巩固深化 【设计意图】巩固练习，内化提升，及时概括、归纳，培养学生灵活分析问题、解决问题的能力。	完成教材第102页练习二十二第8、9题。 思考：计算不规则图形面积的方法有哪些？各在什么情况下用比较合适？	独立完成后小组内订正。 有分类算和转化算。可以根据图形的具体形状选择方法，如果图形的边是直的，可以看作是组合图形，可以采用转化算。	大约（　　）cm² **拓展练习**（落实课时目标2） 3. 请你估计出图中涂色部分的面积。
四、课堂总结 【设计意图】引导学生通过回忆总结本节课所学的知识和方法，强化关联，让所学内容以结构化的形式存储于学生脑海里。	1. 这节课你学会了什么？有哪些收获？ 2. 本节课主要运用了哪些数学思想方法？	1. 从多方面谈收获。 2. 主要运用了分类与转化的数学思想方法。	大约（　　）cm²

人教版六年级上册第六单元 百分数（一）

一、单元整体教学设计（设计：梁赛香、郑娟娟、康玉金）

本单元大概念	大概念：应用百分数，感悟用数据说话，培养数据意识及应用意识 理由一：对比新旧两版课程标准，2022版数学课程标准将白分数从"数与代数"领域移到"统计与概率"领域，与平均数一同作为统计量进行教学，实现从"知识本位"到"素养本位"的转变。 理由二：百分数在数与代数领域重在表达两个量之间的倍数关系，进入统计量范畴后，百分数就趋向于对一群数的数据意义的表征。"百分数"的单元教学应在理解百分数原有数学意义的基础上，凸显百分数的统计意义，使其贯穿单元学习的始终，将数据意识的培养渗透到每个学习任务中。 理由三：课标在内容要求、学业要求、教学建议和学业质量标准等方面的阐述中均反复提及"感受百分数的统计意义""培养数据意识""发展应用意识"，我们依据百分数在新课标中的变化和多方面的具体要求，确定了本单元的大概念。
学习内容分析	《义务教育数学课程标准（2022年版）》中提出百分数的教学要引导学生知道百分数既可以表达确定数据，也可以表达随机数据。建议利用现实问题中的随机数据引入百分数的学习，帮助学生了解百分数的统计意义，了解利用百分数可以认识现实世界中的随机现象，作出判断、制订标准。 百分数在生活中有着广泛的应用，人们常用百分数对事物进行描述、分析、统计、比较，所以百分数在概率与统计领域有着重要的意义。统计教学不仅仅是让学生会事物分类、能绘制统计图表、能计算平均数和百分数，更重要的是培育学生的数据意识。特别是在调查研究，收集、整理、分析数据的解决真实问题的过程中，帮助学生理解生活中的随机现象，逐步养成用数据说话的习惯。 纵向分析：《百分数（一）》属于学段目标（第三学段），理解百分数的意义，形成初步的数据意识和初步的应用意识。百分数是在学生学习了整数、小数特别是分数的概念和应用题的基础上进行教学的。百分数是一种特殊的分数，有关百分数的计算与应用都可以由分数相关知识迁移过来。同时分数

续表

	乘法、分数除法和百分数的学习都集中在六年级上册，能进一步帮助学生对这一系列知识进行巩固，也降低了对本单元的学习难度。形成的系统的知识体系，同时为学习六年级下册《百分数（二）》的学习奠定了基础。 　　百分数作为表达统计量的一种形式，是承载着信息的重要数据，是人们判断与决策的重要依据，它的统计应用价值尤为凸显。因此，本单元教学要突出百分数的统计意义，在解决与百分数有关的简单实际问题中，形成数据意识和初步的应用意识。教材在编排上具有以下几个特点： 　　1. 紧密联系生活实际，激活学生已有的生活经验。 　　2. 以问题解决为驱动，教学百分数与分数、小数的互化。 　　3. 注重让学生经历问题解决的过程，培养问题解决的策略，提升问题解决的能力。
课标依据	课程标准从"内容要求""学业要求""教学提示""学业质量标准"等方面对百分数的教学进行了如下描述。 　　1. 内容要求：（1）结合具体情境，探索百分数的意义，能解决与百分数有关的简单实际问题，感受百分数的统计意义。（2）在简单的实际情境中，应用统计图表或百分数，形成数据意识和初步的应用意识。(P40) 　　2. 学业要求：能在真实情境中理解百分数的统计意义（例45），解决与百分数有关的简单问题。能在认识及应用统计图表和百分数的过程中，形成数据意识，发展应用意识。(P40) 　　3. 教学提示：百分数教学要引导学生知道百分数是两个数量倍数关系的表达，既可以表达确定数据，如饮料中果汁的含量、税率、利息和折扣等，也可以表达随机数据，如某篮球运动员罚球命中率、某城市雾霾天数所占比例等。建议利用现实问题中的随机数据引入百分数的学习，帮助学生了解百分数的统计意义，了解利用百分数可以认识现实世界中的随机现象，作出判断、制订标准（例46）。同时，引导学生了解利用扇形统计图可以更好地表达和理解百分数，体会百分数中部分与整体的关系。(P41) 　　4. 学业质量标准：知道数据的统计意义，能对一些随机现象发生的可能性大小作定性描述，形成数据意识和推理意识。(P82)

续表

学情分析	认知起点：学生已经学习过分数和小数的概念与运算，具备了一定的数学基础。他们对实际问题有一定的认知，并能在运用基本的数学知识解决简单问题的基础上进行教学。学生在生活中接触过百分数，对于百分数的读法和写法并不陌生。 认知特点：学生对于生活中的百分数有一定的认识，但是对于百分数的意义理解情况不佳，需要借助生活实例和数形结合等策略帮助深刻理解。通过知识之间的联系与沟通，培养学生迁移类推的能力，同时培养学生对系统知识的整理能力。 认知难点：学生虽然已经有了用分数解决问题的基础，但是想要把相关的知识技能迁移到百分数，还有一定的困难，需要在教学中设计类比、转化的学习活动，让学生体会类比的数学思想，掌握用百分数解决问题的策略，提高分析问题、解决问题的能力，培养学生的统计意识。
单元目标	【R610601】学生理解百分数的意义，会正确地读、写百分数，掌握小数、分数和百分数之间互化的方法，会运用百分数表述生活中的一些数学现象。 【R610602】学生在理解、分析数量关系的基础上，正确解决有关百分数的实际问题。学生学会把分数的有关知识和技能迁移到百分数，体会类比的数学思想，养成用数据说话的习惯和应用数学解决实际问题的能力，为进一步学习奠定迁移基础。 【R610603】学生在经历整理、分析数据并做出判断的过程中，感悟百分数对随机数据的表达，探索百分数稳定性对大数据分析的作用，感悟百分数的统计意义，逐步形成数据意识，发展应用意识。
单元教学规划图	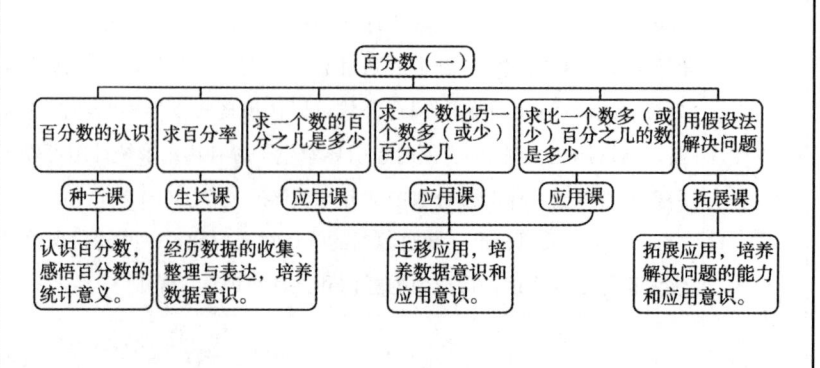 百分数（一） ├─ 百分数的认识（种子课）：认识百分数，感悟百分数的统计意义。 ├─ 求百分率（生长课）：经历数据的收集、整理与表达，培养数据意识。 ├─ 求一个数的百分之几是多少（应用课）：迁移应用，培养数据意识和应用意识。 ├─ 求一个数比另一个数多（或少）百分之几（应用课）：迁移应用，培养数据意识和应用意识。 ├─ 求比一个数多（或少）百分之几的数是多少（应用课）：迁移应用，培养数据意识和应用意识。 └─ 用假设法解决问题（拓展课）：拓展应用，培养解决问题的能力和应用意识。

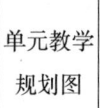

二、单元课时设计

第一课时

【课时内容】

百分数的认识

【课型】

种子课

【课时目标】

单元目标 R610601: 1.认识百分数表示"一个数是另一个数的百分之几",理解百分数表示两个数倍数关系统计量的价值。

2.掌握百分数的读、写法,运用百分数理解和表达实际问题。

单元目标 R610603: 3.学生在经历整理、分析数据并做出判断的过程中,初步感悟数据的随机性,感悟百分数的统计意义,逐步形成数据意识,发展应用意识。

【教学实施路线图】

"谁的投篮水平高",收集数据→"你会推荐谁参加比赛",分析数据→"出门带伞吗?",应用数据

活动过程	教师活动	学生活动	学习评价
一、明确目标,检查预习 【设计意图】提供丰富的又具有代表性的生活中的百分数,让学生在真实的情境中,理解百分数的意义,即两个量之间的倍数关系的表达;既可以表示部分与整体的关系,也可以是两个独立的量之间的关系。	1. 组织学生交流讨论课前预习情况。	1. 交流概括百分数的读、写法。 2. 交流讨论,理解百分数是关于倍数关系的表达。	基础练习(落实课时目标1、2) 读出下面服装中各成分的百分数。 棉 63.2% 涤纶 36.8% 羊毛 86% 羊绒 14% 羊毛:_____ 棉:_____ 羊绒:_____ 涤纶:_____

续表

活动过程	教师活动	学生活动	学习评价
二、寻找标尺，体会百分数产生的价值 【设计意图】这里主要包括感悟百分数可以表达随机数据，体会百分数更直观、便于比较和百分数产生的价值两部分内容。在"谁的投篮水平高"的活动中，学生感悟了用百分数表达随机数据"命中率"，并在对比中体会用百分数表达命中率比分数更直观、更便于比较。	【学习任务一】谁的投篮水平高？ 读：读懂任务要求，理解表示投篮水平的数据。 思：怎样比较能让人直观地看出数据大小关系？ 达：和小组同学说一说你的想法。	篮球兴趣小组 学生投资水平统计表 | 学生	投中个数	投篮总个数	投中个数是投篮总个数的几分之几
小丁	9	20	$\frac{9}{20}$
小明	5	10	$\frac{1}{2}$
小东	6	15	$\frac{2}{5}$
小凯	12	25	$\frac{12}{25}$	 1. 学生对篮球社团的投篮数据进行分析，从比赛数据中择取命中率，代表学生投篮水平的数据。	提升练习（落实课时目标2） 写出下面横线上的百分数。 (1) 第七次全国人口普查结果表明，全国人口中0到14岁人口约占<u>百分之十八</u>。（　） (2) 有<u>百分之二十九</u>的少年儿童表示"目前最要好的朋友是老师"。（　） (3) 感冒<u>百分之九十</u>左右由病毒引起，<u>百分之十</u>左右由细菌引起。（　）（　）

续表

活动过程	教师活动	学生活动	学习评价
三、深度对话，感受数据的随机性 【设计意图】这里的教学，实质是百分数对随机现象呈现的价值延伸。用百分数表达随机现象，会引发学生对"不可预测"价值的怀疑，因此，这里顺水推舟地将小数据组引向大数据群，再比几次，比的次数越来越多，收集到的数据就越多，就能从中发现规律了，充分感受随机数据在大数据分析下所形成的稳定性规律，体悟到数据的多元价值属性。	1. 追问，引导学生交流进而发现数据越多，命中率就会越稳定。 问题1：这次较量，小明的投篮命中率排在了第一名。如果再比一次，小明一定是第一名吗？ 问题2：小明第一次的投篮命中率50%，再比一次，他的命中率还一定是50%吗？ 2. 提供数据群，引导学生分析发现数据规律。 【学习任务二】你会推荐谁？ 读：观察表中数据，找到数据的规律。 思：我要推荐谁？为什么？ 达：把你的推荐理由和小组同学说一说。	<table><tr><td>次数</td><td>小丁 命中率</td><td>小明 命中率</td><td>小东 命中率</td><td>小凯 命中率</td></tr><tr><td>第一次</td><td>45%</td><td>50%</td><td>40%</td><td>48%</td></tr><tr><td>第二次</td><td>42%</td><td>65%</td><td>38%</td><td>50%</td></tr><tr><td>第三次</td><td>48%</td><td>25%</td><td>42%</td><td>52%</td></tr><tr><td>第四次</td><td>45%</td><td>56%</td><td>44%</td><td>54%</td></tr></table> 1. 学生结合生活经验，思考感悟数据的随机性。 2. 学生观察分析数据，探索数据规律，比赛的次数越多，数据就越多，就会发现这些数据会稳定在一定的范围内，就有了规律。我们就可以根据发现的规律，对即将发生的事情进行预测。	拓展练习（落实课时目标3） 阅读数学书第81页"你知道吗？"，下面说法错误的是（　　）。 A. 恩格尔系数是指一个家庭的食品支出总额占家庭消费支出总额的百分之几 B. 李叔家平均一个月消费支出10000元，其中食品支出大约是3500元，恩格尔系数是 $3500 \div 10000 \times 100\% = 35\%$，他家属于相对富裕

续表

活动过程	教师活动	学生活动	学习评价
四、对标总结，课堂检测 【设计意图】对标反思，让学生的学习更明确，心中有目标，学习更有效。依据学生的认知遗忘规律，设计层次分明的随堂检测，帮助学生及时巩固知识，并在解决具体的生活问题中，培养学生解决问题的能力和应用意识。	1. 对照课前的学习目标，这节课你达成了哪些目标？ 2. 课堂检测，即时评阅。（见学习评价）	1. 学生对标谈收获。 （1）会正确读、写百分数。 （2）理解百分数表示一个数是另一个数的百分之几。 （3）了解百分数和分数的联系与区别。 （4）知道百分数有方便比较、直观、预测、统计等作用。 （5）谈收获。 2. 完成课堂检测，反思巩固学习成果。	C. 一个国家平均家庭的恩格尔系数越高，这个国家越贫穷 D. 改革开放以来，中国农村居民家庭的恩格尔系数下降到 32.7%，说明我国农村居民全部都达到相对富裕的水平

第二课时

【课时内容】

求百分率

【课型】

生长课

【课时目标】

单元目标 R610601：1.掌握百分数和分数、小数之间互相转化的方法，并能正确进行转化。

单元目标 R610602：2.结合具体情境，利用求一个数是另一个数的几分之几的旧知，探索解决求一个数是另一个数的百分之几的问题，领悟转化思想。

单元目标 R610603：3.体会数学知识的系统性、整体性和生活性，培养解决问题的能力和应用意识。

【教学实施路线图】

求近视率收集数据→小数、分数、百分数之间互化，整理数据→寻找生活中的百分率，应用数据

活动过程	教师活动	学生活动	学习评价
一、创设情境，揭示课题 【设计意图】利用投篮比赛漫画引入，引导学生在已有经验的基础上沟通教学与生活的联系，更易于其理解掌握。	1. 课件出示投篮比赛漫画，提问：投篮比赛时，你最关心的是什么？ 追问：是不是投中的个数越多，投篮技术就越好？	学生独立思考后交流，明确投篮水平高低用命中率表达最合适。学生确定本节课学习任务：求百分率。	基础练习（落实课时目标1） 把下面的小数、分数化成百分数。 $0.43=$ $3.5=$ $0.08=$ $1.05=$ $\dfrac{5}{2}=$ $\dfrac{5}{8}=$ $\dfrac{5}{4}=$ $\dfrac{5}{6}\approx$ （百分号前保留一位小数）
二、动手实践，探究新知 活动一：理解命中率。 【设计意图】学生在上节课已经对命中率有一定的了解，关键是要引导学生观察数学中一些专业名词的特点，进行自主分析。对一些特殊的百分率，如命中率、发芽率、近视率中的"率"，要引导学生理解这些率的意义。 活动二：探索归纳小数、分数化成百分数的方法。	1. 求近视率。 （1）什么是近视率？ （2）现场产生数据，求近视率。 读思达活动（一）： 读：观察数据。 思：怎样求它们的近视率？哪一组的近视率高？ 达：小组交流自己的想法。 2. 小数、分数该如何化成百分数？ 3. 了解全班及全国的近视情况。 4. 提问1：我们身边还出现过哪些其他的百分率？	1. 学生合作探究，完成任务一。 2. 学生展示代表性探究成果，交流完善转化的一般方法。 A. 把小数化成百分数，只需要把小数点向右移动两位，同时在后面添上百分号。 B. 把分数化成百分数，通常先把分数化成小数，除不尽时，通常保留三位小数，再化成百分数。 3. 学生合作，收集班级近视率数据，了解全国几个年龄层的近视率数据。了解国家针对近视出台的一些	提升练习（落实课时目标1、2） 分别用小数、分数、百分数表示线上的各点。

85

续表

活动过程	教师活动	学生活动	学习评价
【设计意图】近视率的调查从小组到全班再到全国，从小数据到中数据再到大数据的推进，让学生充分感受随机数据在大数据分析下所形成的稳定性规律，知道国家就是依据全国中小学生的近视率情况，出台一系列护眼政策，体悟到数据的多元价值属性。在追问的过程中，使学生意识到数学是一门讲道理的学科，要明白道理一定要多问为什么。 活动三：寻找生活中的百分率。 百分数的产生源于生活的需要，本节课从生活中的命中率始，又以生活中的百分率终，前后呼应，使学生意识到数学从生活中来，又到生活中去，进一步体现了数学知识的生活味。	追问：这些百分率该怎么求？怎样让人一眼就知道，这些率得用百分数表达。	政策。 4. 交流各种百分率求法的规范格式。 例：及格人数÷考试总人数×100%。	**拓展练习**（落实课时目标2、3） 某科技小组用500粒玉米种子进行发芽实验，有15粒没有发芽，求这批种子的发芽率。

续表

活动过程	教师活动	学生活动	学习评价
三、尝试练习，巩固新知 【设计意图】分层练习，巩固课堂所学；练习素材和生活密切相关，使学生体会数学知识的生活味；渗透问题先分析再解决的理念，使先思后行一直伴随学生的学习生涯。	出示研学方案，自选问题解决。 （1）阅读材料。 （2）独立解决。 读思达活动（二）： 读：认真阅读材料。 思：你想选择哪些条件？提出两个求百分率的问题并解答。 达：解决上面的问题。 2. 阅读小马虎的数学日记，回答问题。 小马虎日记11月3日　晴 今天学校进行秋季运动会，我们十分高兴。全班55人，除了一位同学生病，其他同学都积极参加，出勤率是54%。开幕式上，全班32%名同学，高呼着口号，挥动着45%米的彩带，精神抖擞地通过了	小组汇报交流自己的想法。	

87

续表

活动过程	教师活动	学生活动	学习评价
	主席台。在运动会上,我参加了50米短跑,这是我十拿九稳的项目,所以成功率是9%!后来果真我取得了第一名的好成绩。让我们高兴的还有小秋获得了跳远的第二名,她跳出了3.10%米的好成绩,真是双喜临门,也就是2%呀! ①认真阅读这段文字,这段文字里哪里的表述有问题? ②该怎样说才正确?		
四、全课总结,拓展延伸 【设计意图】回顾反思,引导学生不仅要说知识的收获,还要说学习方法的收获。通过每节课点滴引导,使学生逐步意识到课堂上不仅要学知识,更要学习解决问题的方法和策略。	问:回忆一下,这节课中,你印象最深的是什么?对照本节课学习目标,你达成了哪些目标?	1. 学生对标谈收获。 (1) 了解了小数、分数转化成百分数的方法,并能正确转化。 (2) 会求命中率、近视率等一些常见的百分率。 (3) 知道生活中有很多百分率,它给我们的生活带来许多的便利。	

第三课时

【课时内容】

求一个数的百分之几是多少

【课型】

应用课

【课时目标】

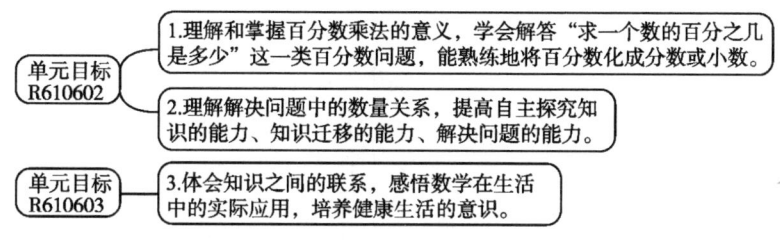

单元目标
R610602
1.理解和掌握百分数乘法的意义,学会解答"求一个数的百分之几是多少"这一类百分数问题,能熟练地将百分数化成分数或小数。

2.理解解决问题中的数量关系,提高自主探究知识的能力、知识迁移的能力、解决问题的能力。

单元目标
R610603
3.体会知识之间的联系,感悟数学在生活中的实际应用,培养健康生活的意识。

【教学实施路线图】

谁采摘的特优果多,整理数据→采购商会选哪家的柚子,分析数据→选哪个平台合适,应用数据

活动过程	教师活动	学生活动	学习评价
一、创设情境,提出问题 【设计意图】创设情境,以问题解决为驱动,让学生调动已有知识,为解决问题做好知识上的迁移准备。	课件出示信息:文旦柚是莆田的四大名果。六(1)班开展了"摘柚子"劳动实践活动。一共采摘了750个柚子,其中特优果占了$\frac{7}{50}$。 提问:根据这些信息,你能提出怎样的数学问题?	1. 学生依据信息提出问题:一共采摘了多少个特优果?……	**基础练习**(落实课时目标1、2) 书法兴趣小组中女生人数是男生人数的85%,下面说法中,错误的是( )。 A. 男生人数比女生人数多 B. 男生人数比女生人数少15%

89

续表

活动过程	教师活动	学生活动	学习评价
二、动手实践，探究新知 活动一：对比分析，明确方法 【设计意图】由于学生有了解决"求一个数的几分之几是多少"的知识基础，这里可引导学生利用线段图分析数量关系，利用原有知识和经验同化当前要解决的新问题，使学生体会到迁移在学习中的价值。 活动二：探讨百分数转化成分数、小数的方法 【设计意图】学生在解决问题的过程中，利用两种不同的计算方法，体现把百分数化成分数、小数的必要性。自主探寻百分数转化成分数、小数的方法，结合具体的计算把转化的方法提炼出来，体验自主学习的乐趣。	1. 出示改编题：一共采摘了750个柚子，其中特优果占了14%。特优果有多少个？ 读思达活动一：（1＋2分钟） （1）读：读题，找出数量关系。 （2）思：求一个数的百分之几是多少和求一个数的几分之几，意义一样吗？ （3）达：把你的想法与同桌交流。 2. 对比改编前后两个问题，思考：怎样求一个数的百分之几是多少？ 3. 百分数怎样改写成小数或分数？ 读思达活动二：（2＋3分钟） 读：观察两种不同的计算方法。 思：百分数怎样改写成小数、分数？	1. 改编分率：$\frac{7}{50}$，变成一道求一个数的百分之几的解决问题。 2. 学生利用类比迁移，解决问题。 类比统整：求一个数的百分之几是多少和求一个数的几分之几，意义一样，数量关系和解题思路也相同，只是数的形式不同而已。 3. 学生先组内探讨，再全班交流总结方法。	C. 男生人数和女生人数的比是20∶17 D. 如果女生有85人，那么男生有100人 **提升练习**（落实课时目标3） 班委决定将多余的文旦柚子放上淘宝去销售，选哪个平台合适呢？（A商家商品评价1.3万多条，B商家商品评价286条） 我选（　）商家，理由是： _____ _____ _____

续表

活动过程	教师活动	学生活动	学习评价
	达：把你的想法在小组内交流。 3. 归纳统整，小结数化的方法。 $750×14\%$　　$750×14\%$ $=750×\dfrac{14}{100}$　$=750×\dfrac{14}{100}$ $=750×0.14$　$=750×\dfrac{7}{50}$ $=105$（幅）　$=105$（幅）		**拓展练习**（落实课时目标3） 甲杯中糖9克，糖水12克；乙杯中糖占糖水$\dfrac{18}{25}$；丙杯中含糖70%。 ①不尝，想知道哪杯更甜，怎么办？ ②如果丙杯中有饮料500毫升，糖有多少？
三、尝试练习，巩固新知 【设计意图】学生在真实的情境中感受到解决不同的问题可以选择不同的量来比较，采购商品时，要考虑果子的整体品质，可以比较果子的优果率，让学生感受百分数的价值，培养学生的数据意识。	六（1）班共采750个柚子，其中优果数占总个数的54%；六（2）班共采800个柚子，其中优果数占总个数的52%；哪个班采摘的优果多？如果你是收购商，你会优先选择哪个班级采摘的果子呢？	学生先独立解决问题，然后在班内展示交流，最终达成共识： 1. 哪个班采摘的优果多，先要求出各自的采摘优果的具体数量再比较。 2. 作为收购商，要考虑的是果子的整体品质，需要比较的是优果率。	
四、全课总结，拓展延伸 【设计意图】 引导学生反思，提炼解决问题的方法和策略，学会类比思想。课堂检测，让学生在解决问题中，感受百分数的价值，培养数据意识和应用意识。	1. 对照课前的学习目标，这节课你达成了哪些目标？ 2. 课堂检测，即时评阅。（见学习评价）	1. 学生对标谈收获。 ①我能进一步加深理解百分数的意义。 ②我能正确掌握百分数和小数、分数之间互化的方法。 ③我会应用百分数解决实际问题。 2. 完成课堂检测，反思巩固学习成果。	

第四课时

【课时内容】

求一个数比另一个数多（或少）百分之几

【课型】

应用课

【课时目标】

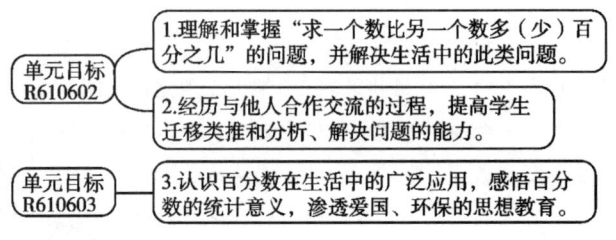

单元目标 R610602
1. 理解和掌握"求一个数比另一个数多（少）百分之几"的问题，并解决生活中的此类问题。
2. 经历与他人合作交流的过程，提高学生迁移类推和分析、解决问题的能力。

单元目标 R610603
3. 认识百分数在生活中的广泛应用，感悟百分数的统计意义，渗透爱国、环保的思想教育。

【教学实施路线图】

了解森林覆盖率，收集数据→实际造林比原来造林多百分之几，整理数据→对比方法异同→增减幅度的意义，分析数据

活动过程	教师活动	学生活动	学习评价
一、创设情境，导入新课 【设计意图】通过了解森林覆盖率，加深学生对百分率意义的理解和百分数的统计意义，同时渗透爱国、环保的思想教育。	观看图片了解一下世界森林覆盖率。阅读这些数据，你们有什么感想？ 日本森林覆盖率 67% 美国森林覆盖率 33% 巴西森林覆盖率 62% 中国森林覆盖率 23%	交流讨论：在全球森林资源总体减少的大背景下，中国森林面积和蓄积量连续30多年保持"双增长"。数据显示，在全球2000年到2017年新增绿化面积中，约1/4来自中国，中国贡献居全球首位。	**基础练习**（落实课时目标1、2） 小飞家原来每月用水约10 t，更换了节水龙头后每月用水约9 t，每月用水比原来节约了百分之多少？

续表

活动过程	教师活动	学生活动	学习评价
二、探究新知，建立模型 【设计意图】引导学生阅读理解题意。"求一个数比另一个数多（或少）百分之多少"，这一类问题的难点就在于"哪两个量进行比较"和"谁是标准量"。这里为学生留出了思考和创造的空间，通过小组合作，借助画线段图，学生把抽象的知识具体化、形象化，易于理解和接受，同时也有利于学生对新知的建构，感受百分数对现实生活的统计意义。	【学习任务一】 提出核心问题："实际造林比原计划增加了百分之多少"的含义是什么？指的是哪两个量之间的关系？谁是标准量？	1. 获取信息，读题汇报。 2. 画出表示题中数量关系的线路图。 3. 经过讨论交流明确题意：实际造林比原计划多的公顷数是原计划的百分之几。 4. 学生根据讨论发现此类题与求一个数比另一个数多（少）几分之几的问题类似，得出解决问题的两种方法。 5. 尝试解决问题，小组交流后全班汇报。	提升练习（落实课时目标1、2） 1999年我国藏羚羊的数量是7万只左右。2021年年底增加到30万只左右。2021年年底藏羚羊数量比1999年增加了百分之多少？ 拓展练习（落实课时目标2、3） "科技亚运，智慧亚运"是本届亚运会的重要特色。5G网络将在亚运会中为赛事直播、场馆安保、指挥调度方面提供重要助力。已知4G网络的
三、变式辨析，巩固模型 【设计意图】通过问题的变化，引导学生进行对比分析。两个问题标准量不一样，在比较中，感悟找"标准量"的方法。引导学生有效进行比较，帮助学生理清数量关	【学习任务二】 1. 解决变式，对比分析 刚刚求"实际造林比原计划增加了百分之多少"。现在请大家尝试解答"原计划造林比实际造林少百分之多少"。	1. 经验迁移，独立解决。 2. 学生展示，方法多样。 ①(14-12)÷14=2÷14≈0.143=14.3% ②12÷14≈0.857=85.7% 100%-85.7%=14.3%	

续表

活动过程	教师活动	学生活动	学习评价
系，体会画图的价值所在，使学生感悟数学思想方法。同时，透过数据，让学生注意保护环境，减少树木过度砍伐。	（1）追问为什么是除以"14"，强化学生找准标准量的意识。 （2）让学生说说"增加了百分之几""减少了百分之几""节约了百分之几""降低了百分之几"等表示增加减少幅度的语句的含义。	学生观察分析，"一个是求多百分之几，一个是求少百分之几"；"比的标准不一样，一个是跟原计划的数量比，一个是跟实际的数量比"。	下载速度是1 Gbps，而5G将这一速度提高十倍，可以让八万人一起在开闭幕式现场，也可以愉快刷微博发朋友圈。 5G网速：4G网速＝（　）：（　） 4G网速比5G网速慢（　）％。 5G网速比4G网速快（　）％。
四、反思总结，应用模型 【设计意图】反思总结，设计分层随堂检测，巩固知识。在解决具体的生活问题中，培养学生解决问题的能力、学会用数据说话，发展应用意识。	1. 对照学习目标，这节课你达成了哪些目标？ 2. 课堂检测，即时评阅。	1. 学生对标谈收获。 2. 完成课堂检测，反思巩固学习成果。	

第五课时

【课时内容】

求比一个数多（或少）百分之几的数是多少

【课型】

应用课

【课时目标】

单元目标 R610602
1. 学会分析"求比一个数多（少）百分之几的数是多少"的问题的数量关系，并能正确解答。
2. 通过自主探究、合作交流，获得解决问题的有效方法，同时体验解决问题方法的多样性，培养发散性思维。

单元目标 R610603
3. 通过解决生活中的实际问题，培养学生的数学应用意识，进一步体验数学与生活的紧密联系。

【教学实施路线图】

复习分数乘法解决问题→迁移应用→数形结合应用数据解决问题→对比分析方法异同

活动过程	教师活动	学生活动	学习评价
一、复习铺垫，导入新课 【设计意图】加强知识之间的联系与沟通，培养学生迁移类推能力。解决求比一个数多（或少）百分之几的数是多少的问题，这类问题的数量关系与求比一个数多（或少）几分之几的数是多少的问题相同。	1. 复习旧知。 一堆沙子用去200 t，剩下的比用去的多$\frac{1}{4}$。剩下多少吨？ 2. 导入新课。 如果把题的$\frac{1}{4}$改写成25%，解题思路是否会发生变化呢？这节课我们来学习求比一个数多（少）百分之几的数是多少的应用题。	1.（1）读题，获取相关信息。 （2）分组讨论题目中的关键句，并找出单位"1"。 （3）根据数量关系列式，并交流、订正。 2. 明确本节课的学习内容。	基础练习（落实课时目标1） 曙光小学以往的跳高纪录是1.3 m，本次比赛中王平的跳高成绩比这一纪录高了10%。王平的跳高成绩是多少？

95

续表

活动过程	教师活动	学生活动	学习评价
二、知识迁移，自主探究 【设计意图】准确理解题意是正确解决问题的前提，"求比一个数多（或少）百分之几的数是多少"，正确解答的关键在于理解"在谁的基础上增加（或减少）"。因而，将这一内容作为重点进行讨论和理解。要求学生画线段图分析，利用几何直观分析问题，放手让学生在已有知识的基础上迁移，同时培养学生养成良好的分析问题的习惯。	【学习任务一】 1. 问题：学校图书室原有图书1400册，今年图书册数增加了12%。现在图书室有多少册图书？ 2. 出示自学提纲。 (1) 读题，找出已知条件和所求问题，确定单位"1"。 (2) 如何理解"今年图书册数增加了12%"这句话？题中存在怎样的数量关系？	1. 读题，获取数学信息。 2. (1) 分析题意，找出已知条件和所求问题，确定单位"1"。 (2) 小组讨论获取的数量关系。 3. 各小组推荐代表汇报自学成果。 (1) 今年比去年增加的图书数量是去年的12%； (2) 今年图书册数是原有的112%； (3) 今年图书册数＝原有图书册数＋增加的图书册数； (4) 今年图书册数＝原有图书册数×（1＋增加的百分率）。 4. 小组合作，用两种方法解题，并汇报、交流。 5. 小组内讨论两种方法的异同点，全班交流。	提升练习（落实课时目标2、3） 袁隆平院士是我国著名科学家，被誉为"杂交水稻之父"。2021年，袁隆平院士指导的杂交水稻示范片双季稻年平均产量达到了每公顷24.06 t，比攻关目标高了约7%。攻关目标约是每公顷多少吨？（得数保留一位小数）
三、对比感悟，归纳方法。 【设计意图】通过对比分析，沟通两种方法的内在联系，进一步理解算理，	【学习任务二】 1. 对比分析 刚才用两种不同方法求出了"现在图书的数量"。请大家想一想两种方法	1. 两种方法的区别。 第一种方法是先求出"增加的图书数量"； 第二种方法是先求出"现在图书的数量"是"原有图书数量"的百分	

96

续表

活动过程	教师活动	学生活动	学习评价
初步建构如何求比一个数多（或少）百分之几的数是多少的模型。学生经历观察比较、独立思考、得出结论的数学活动过程，激发了他们探究数学知识的兴趣，渗透知识之间相互迁移的数学思想，使学生学得轻松、学得快乐，感受到学习数学的乐趣。	有什么区别。 2. 归纳方法。 该如何求比一个数多（或少）百分之几的数是多少的问题呢？	之几。 2. 两种方法的联系。无论是哪一种方法，都是在原有数量的基础上增加，都是把原有数量当作单位"1"（标准量）。 3. 方法总结 求比一个数多（或少）百分之几的数是多少的问题，可以先根据多（或少）的百分率及单位"1"求出多（或少）的部分，再把两部分相加（或减）；也可以先求出增加（或减少）后的数的对应分率，再用单位"1"乘对应分率。	**拓展练习**（落实课时目标2、3）参加摄影比赛的作品共有125份，其中一等奖6份，二等奖的数量占参赛作品的16%，三等奖的数量比二等奖多40%。提出用百分数解决的问题，并进行解答。
四、反思总结，巩固应用 【设计意图】反思总结，设计分层随堂检测，巩固知识。在解决具体的生活问题中，培养学生解决问题的能力和数据意识。	1. 对照学习目标，这节课你达成了哪些目标？ 2. 课堂检测，即时评阅。	1. 学生对标谈收获。 2. 完成课堂检测，反思巩固学习成果。	

97

第六课时

【课时内容】

用假设法解决问题

【课型】

拓展课

【课时目标】

单元目标 R610602
1. 掌握用假设法解决"已知一个数量的两次增减变化情况，求最后变化幅度"的百分数问题。
2. 经历探究解决复杂百分数问题的过程，培养学生的问题意识和探究意识。

单元目标 R610603
3. 在合作学习和解决问题的过程中，感受百分数问题和实际生活的紧密联系，培养初步的数据意识和应用意识。

【教学实施路线图】

复习旧知加强联系→假设法解决问题→优化解题方法→应用数据解决问题

活动过程	教师活动	学生活动	学习评价
一、复习巩固，导入新课 【设计意图】"求一个数比另一个数多（或少）百分之多少"和"求比一个数多（或少）百分之几的数是多少"是解决"已知一个数量的两次增减变化情况，求最后变化幅度"的百分数问题的基础，明确找准单位"1"也是这节课的难点所在，复习旧知识，为新知识的学习做好充分的准备。	1. 复习旧知。 (1) 课件出示教材第93页练习十九第8题。 (2) 找出这道题中的数量关系确定单位"1"。 2. 导入新课——已知一个数量的两次增减变化情况，求最后变化幅度。	1.（1）读题，找关键句，获取信息。 (2) 仔细读题，确定单位"1"，根据数量关系列式。 2. 明确本节课的学习内容。	**基础练习**（落实课时目标1、2） 8月初鸡蛋价格比7月初上涨了10%，9月初又比8月初回落了15%，9月初鸡蛋价格与7月初相比是涨了还是跌了？涨跌幅度是多少？

98

续表

活动过程	教师活动	学生活动	学习评价
二、探究新知，解决问题 【设计意图】"求比一个数多（或少）百分之几的数是多少"并不难，难的是3月份的价格并不知道，没有了3月份的数据，便没有计算的基础，在这个关键处，需要教师来引导。通过教师的追问，激发学生的已有经验，顺利引入"假设法"。解决问题过程中，适当渗透数学思想方法，以进一步提升学生的数学素养。	【学习任务一】 1. 某种商品4月份的价格比3月份降了20%，5月份的价格又比4月份涨了20%。5月份的价格和3月份相比是涨了还是降了？变化幅度是多少？ (1) 找出这道题的关键句，并确定单位"1"。 (2) 找出题中存在的数量关系。 (3) 根据数量关系列出算式。 (4) 尝试解决问题后汇报。 2. 师生共同总结解决问题的关键。 【学习任务二】 1. 对比分析 刚才用几种不同方法解决了问题，请大家想一想这几种方法有什么区别，你喜欢哪种方法？ 2. 归纳方法	1. 读题，审题，理解题意。找出关键句和单位"1"，并列式。 (1) 关键句：①4月的价格比3月降了20%，把3月的价格看作单位"1"。②5月的价格比4月又涨了20%，把4月的价格看作单位"1"。 (2) 题中的数量关系。 3月的价格－降的价格＝4月的价格 4月的价格＋涨的价格＝5月的价格 (3) 列出相应的算式。 (4) 学生尝试解题后小组互评，汇报两种不同的解法。 2. 小组合作探究、交流、汇报。 3. 小组讨论方法的区别、联系，总结。	**提升练习**（落实课时目标3） 某品牌的手机进行促销活动，降价8%。在此基础上，商场又返还实际售价5%的现金。此时买这个品牌的手机，相当于降价百分之多少？

续表

活动过程	教师活动	学生活动	学习评价
三、运用新知，解决问题 【设计意图】通过形式多样、富有层次的练习设计，一方面可以巩固学生对求"已知一个数量的两次增减变化情况，求最后变化幅度"的百分数问题方法的掌握，另一方面让学生在具体的生活情境中不断加深对百分数统计意义的理解，依据百分数可以做出判断，初步形成数据意识。	1. 课件展示教科书P89"做一做"第1、2、3题。 （1）学生独立完成。 （2）集中评价。	1. 独立完成，小组交流，全班订正。 2. 思路提示，再次建构"如何求比一个数多（或少）百分之几的数是多少"的模型，体会运用假设法解决实际问题的妙处。	**拓展练习**（落实课时目标2、3） 2023年春节作为新冠疫情结束后跨境旅行的首个长假，中国游客火速走出国门享受海外中国年。飞猪平台推出了"泰国曼谷＋芭堤雅"的出境游促销活动，降价10%，在此基础上平台又返还售价5%的现金红包。此时飞猪平台订购"泰国曼谷＋芭堤雅"旅游售价是原价的百分之几？
四、反思总结，加深认识 【设计意图】通过小结，让学生自主地对本课所学知识进行简单的梳理，通过教师的归纳与提炼，让学生再一次巩固"已知一个数量的两次增减变化情况，求最后变化幅度"的百分数问题的解决方法。体会数学与生活的密切联系，感受到数据的力量，养成实事求是、调查研究、善于理性思考和表达交流等习惯。	对照学习目标，这节课你达成了哪些目标？	1. 学生对标谈收获。 我们可以用假设法解决有关百分数连续变化的问题，相对来说，把单位"1"假设为"1"比较简单和方便。	

人教版四年级上册第二单元　公顷和平方千米

一、单元整体设计（设计：陈静静、陈琳、王雪梅）

本单元大概念	大概念：由"感"到"悟"，培养量感和空间观念 理由一：量感作为学科核心素养的重要组成部分，需多方位聚焦，多层次建构。在帮助学生增加感官体验的同时，丰富学生对"单位"的感知，提高对计量单位的认知力。 理由二：对于大面积的学习，学生缺乏直接经验，学生需要依托已有知识经验，挖掘生活中实际问题作为学习素材，积累丰富的直观经验和生活经验，亲身体验1公顷、1平方千米有多大，由感到悟，发展量感和空间观念。
学习内容分析	《公顷和平方千米》是人教版小学数学四年级上册第二单元的内容。单元内容主要包括公顷和平方千米。本单元属于"图形与几何"领域。"公顷和平方千米"是在学生掌握面积概念并认识平方厘米、平方分米、平方米等面积单位的基础上学习的，学好本课知识也为接下来学习平面图形面积、组合图形的面积等知识奠定基础（如下表）。 本单元内容主要在于完善面积单位体系，帮助学生建立土地面积单位"公顷"和"平方千米"的概念。"公顷"和"平方千米"是两个测量土地面积的常用单位，并且这两个面积单位比较大，学生又不容易建立表象，所以课标将"公顷"和"平方千米"的认识设置到了第三学段。因此，教材采取了多种措施，帮助学生建立起相应面积单位的表象，为学生解决生活中关于土地面积的实际问题提供支持。 {{表格见下}}

年级	单元	教学内容
二年级上册	第一单元《长度单位》	①认识厘米和米。
三年级上册	第三单元《测量》	①认识毫米、分米和千米； ②会选择合适的长度单位； ③知道毫米、厘米、分米、米中相邻的长度单位之间的进率是10。

续表

	年级	单元	教学内容
	三年级下册	第五单元《面积》	①认识常用的面积单位——平方厘米、平方分米、平方米。 ②知道正方形的面积计算方法。 ③知道相邻的常用面积单位之间的进率是100。
	四年级上册	第二单元《公顷与平方千米》	①认识公顷和平方千米。 ②知道平方米、公顷和平方千米的关系。 ③会选择合适的土地面积单位。
课标依据	课程标准从"内容要求""学业要求""教学提示"三个方面进行分析： 1. 内容要求：知道面积单位平方千米、公顷；会估计不规则图形的面积；能进行单位之间的换算（P32）。在图形认识与测量的过程中，进一步形成量感、空间观念和几何直观（P33）。 2. 学业要求：能说出面积单位平方千米、公顷，能进行单位换算，能选择合适的单位描述实际问题（P34）。 3. 教学提示：理解面积是相应长度单位的累加（P35）。		
学情分析	认知起点：通过长度单位和常用面积单位的学习，学生对"面积单位的含义和面积单位进率的规律"已经累积了丰富的经验。 认知难点：公顷和平方千米是测量土地面积的常用单位，在社会生活中被广泛采用。但对于学生来说，在生活中直接触到的机会并不多，这也正是学生学习的困难所在。这两个单位"远"且"大"，学生缺乏与其相关的生活经验；它们都是大单位，无法用感官直观地触摸感知，超出目视范围，学生难以建立表象。		
单元目标	【R410201】了解测量土地时常用的面积单位公顷和平方千米。知道以"边长为100米、1千米的正方形"来表征面积单位"1公顷和1平方千米"，通过复习旧知感受面积单位研究方式的延续性。 【R410202】知道并理解公顷、平方千米与平方米之间的进率，会进行简单的单位换算。经历估—量—比的过程，能借助熟悉的实例为单位标准来刻画1公顷和1平方千米，初步建立1公顷和1平方千米的表象，丰富直观经验。		

续表

	【R410203】能以熟悉的较大土地面积来度量更大的土地，养成用小单位度量大单位的意识，形成良好的量感。 【R410204】感受数学与生活的密切联系，会利用公顷和平方千米解决日常生活的简单实际问题。了解度量数学史，丰富学生对数学发展及现状的整体认识，培养学生探索数学、学习数学的兴趣。
单元教学规划图	公顷和平方千米 ├─ 种子课 ── 面积单位 ── 了解度量史，回顾已学面积单位 ├─ 生长课 ── 认识公顷和平方千米 ── 认识并感悟公顷和平方千米的大小 └─ 拓展课 ── 面积单位间的进率 ── 梳理面积单位间的进率，完善知识体系

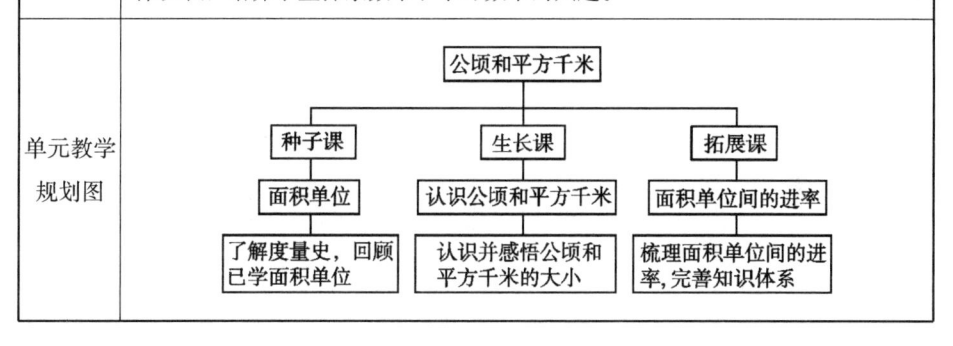

二、单元课时设计

第一课时

【课时内容】

面积单位

【课型】

种子课

【课时目标】

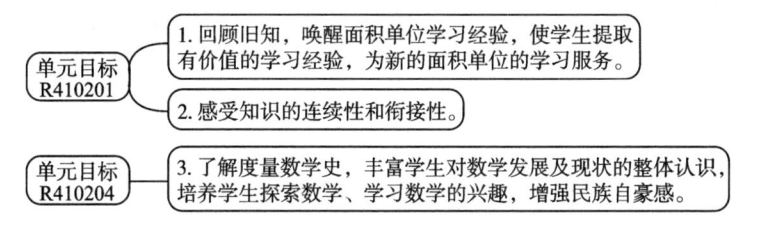

单元目标 R410201
1. 回顾旧知，唤醒面积单位学习经验，使学生提取有价值的学习经验，为新的面积单位的学习服务。
2. 感受知识的连续性和衔接性。

单元目标 R410204
3. 了解度量数学史，丰富学生对数学发展及现状的整体认识，培养学生探索数学、学习数学的兴趣，增强民族自豪感。

【教学实施路线图】

回顾学过的面积单位，感悟它们的大小—知道面积单位如何产生，感受统一度量衡的必要性—了解法定面积单位，初步认识公顷和平方千米

活动过程	教师活动	学生活动	学习评价
一、回顾旧知 【设计意图】通过回顾已学面积单位，唤醒学生的学习经验，为学习新面积单位服务。	1. 你知道哪些面积单位？ 2. 它们分别有多大？ 3. 这些面积单位怎么用？	1. 学生谈学过的面积单位有：平方厘米、平方分米、平方米。 2. 回顾三个常用面积单位的大小。 3. 举例子。 4. 实践活动： （1）到操场体验1平方米有多大。 a. 4个同学围一围。 b. 1平方米里能站几个人？ 大约16个同学。 （2）在操场体验100平方米有多大。 a. 36个同学围一围。 b. 口头算一算它的面积。 c. 算一算，能站几个同学。	**基础练习**（落实课时目标1） 1. 到操场体验1平方米有多大。 a. 4个同学围一围。 b. 1平方米里能站几个人？ 2. 在操场体验100平方米有多大。 a. 36个同学围一围。 b. 口头算一算它的面积。 c. 算一算，能站几个同学。
二、面积单位是如何产生的？ 【设计意图】通过视频了解度量衡，丰富学生对数学发展及现状的整体认识，培养学生探索数学、学习数学的兴趣，增强民族自豪感。	1. 你们知道这些面积单位是如何产生的吗？ 2. 观看视频。 3. 介绍秦始皇统一度量衡。	1. 学生根据课前预习单内容进行交流。 2. 明确统一度量单位的必要性。	**应用拓展**（落实课时目标3） 3. 关于平方千米和公顷，你都知道些什么？尝试用身边的实物描述它们的大小。

续表

活动过程	教师活动	学生活动	学习评价
三、法定面积单位 【设计意图】通过联系已学面积单位间的关系及法定面积单位，感受知识的连续性和衔接性。	1. 了解法定面积单位。 2. 除了已学过的三个面积单位，还有哪些面积单位？	1. 学生观看视频，了解国际通用面积单位的发展史。 2. 学生明白还有公顷、平方千米两个国际通用的面积单位。	

第二课时

【课时内容】

认识公顷和平方千米

【课型】

生长课

【课时目标】

单元目标 R410202　1. 在实际体验和推算中，认识常用的面积单位——公顷和平方千米，体会1公顷和1平方千米的实际大小，建立1公顷、1平方千米的表象。

单元目标 R410203　2. 在经历观察、想象、推理、交流等数学活动中培养量感，发展空间观念，推理能力，提高应用意识。

单元目标 R410204　3. 通过数据、图片、视频等资料，体会数学与现实生活的联系，提高学习数学的兴趣。

【教学实施路线图】

复习旧知，引发思考—认识公顷—认识平方千米—建立表象，感悟大小，培养量感

活动过程	教师活动	学生活动	学习评价
一、复习旧知，引发思考 【设计意图】学生回顾学过的面积单位，知道要根据物体的大小选择合适的面积单位。当学生在填写鸟巢的占地面积时，发现以前学过的知识已经不够用了，产生学习更大的面积单位的需求，并感受数学知识之间的关联性和连续性。	1. 上节课我们回顾了已经学过的面积单位，分别是什么？ 2. 你能从中选择合适的单位将下面的这段话补充完整吗？ 3. 引导学生小结。 4. 设疑：同学们请看图片，这是国家体育场鸟巢，它的占地面积是 20（　　）。 5. 揭题：今天这节课我们就来认识测量土地面积时常用的面积单位——公顷和平方千米。（板书课题）	1. 回顾学过的面积单位：平方厘米、平方分米、平方米。 2. 完成下列题目。 早晨 7:30，红红离开了面积是 90（　　）的家，来到了学校。上楼走进面积是 50（　　）的教室，按下了面积是 2（　　）的日光灯开关按钮后，坐到自己的座位前把铅笔盒放到了面积是 24（　　）的课桌上，手捧起数学书和同学们一起晨读。 3. 小结：测量较小物品和图形的面积常用平方厘米、平方分米作单位，测量较大物品或一块土地面积时常用平方米作单位。 4. 发现鸟巢的面积用平方米来做单位太小，产生探究欲望。 5. 明确本节学习主题——公顷和平方千米。	**基础练习**（落实课时目标1） 1. 北京故宫占地面积是 72(　　)。 2. 北京颐和园的面积约 3(　　)。 3. "水立方"占地面积约 6(　　)。 4. 一个教室的面积约是 63(　　)。

续表

活动过程	教师活动	学生活动	学习评价
二、探究新知、感悟单位大小 活动一：认识公顷 【设计意图】此环节唤起学生的认知，从而引导学生利用原有的经验，来建构公顷这一新的面积单位，帮助学生在数理层面建立起公顷的大小表象，建立起与平方米的关联，在直观层面上形成1公顷的表象，发现空间观念和量感。	活动一：认识公顷 1. 提出疑惑：关于公顷，你们想知道什么？ 2. 1公顷到底有多大呢？ 3. 全班汇报交流总结。 4. 观看视频。 5. 出示几组图片，提升对1公顷大小的感悟。	活动一：认识公顷 1. 说说关于公顷想知道什么。 2. 探究1公顷到底有多大。 (1) 回忆平方厘米、平方分米、平方米三个面积单位的大小。 (2) 自学课本，并在小组内交流"边长为多少的正方形面积是1公顷呢？"，从身边的信息入手，说一说1公顷大概有多大？ 3. 交流总结：边长100米的正方形面积是1公顷。我们把10间教室拼在一起，长大概40米，宽度12米，面积能够达到1公顷。发现学校的长和宽都接近100米，面积大概是1公顷。 4. 看完视频说说对1公顷的感受，发现1公顷比1平方米大得多，也比100平方米大。 5. 欣赏课件：世界园艺花卉公园昆明世博园占地面积约是218公顷。 2008年北京奥运会的主体育场"鸟巢"占地面积约是20公顷。 美丽的台湾日月潭面积大约是827公顷。	提升练习（落实课时目标2、3） 李叔叔承包的果园南北长200米，东西长100米，请计算一下果园的占地面积是多少平方米？合多少公顷？ 拓展练习（落实课时目标1、2） 1. 荔城区几所学校的占地面积情况： | 学校名称	占地面积
---	---
莆田市实验小学	9800平方米
太平小学	7806平方米
附属小学	12340平方米
第二实验小学	11200平方米	 哪个学校的占地面积最接近1公顷？

107

续表

活动过程	教师活动	学生活动	学习评价
活动二：认识平方千米 【设计意图】利用收集到的资料，让学生感受到平方千米在生活中的广泛应用，并感受到平方千米都是用来表示比较大的土地面积。同时就公顷的认识，激活学生的学习经验，在合理的想象、推算中主动建构 1 平方千米的表象，有助于发展学生的量感，培养学生的推理意识，深化感悟。	活动二：认识平方千米 1. 认识平方千米。 2. 结论：边长是 1000 米的正方形面积是 1 平方千米。 3. 举例再次感受 1 平方千米的大小。 4. 观看视频，感受 1 平方千米有多大。	绥溪公园的占地面积约是 2 公顷。 提升对 1 公顷大小的感悟。 活动二：认识平方千米 1. 学生介绍收集到的平方千米的信息。自学课本，小组交流 1 平方千米有多大。 2. 得到结论：边长是 1000 米的正方形面积是 1 平方千米。 3. 举例感受 1 平方千米的大小：100 个学校面积是 1 平方千米；镇海街道面积是 6 平方千米。 4. 观看视频，感受 1 平方千米有多大： 我们祖国的陆地面积约 960 万平方千米，居全球第三。地球上的陆地和海洋总面积约 5.1 亿平方千米，其中海洋面积约 3.61 亿平方千米，陆地面积约 1.49 亿平方千米。生活中我们在测量区县的幅员面积、海洋的水面面积等超级大的土地时会用到平方千米作单位。	2. 已知：边长 100 米的正方形，它的面积是 1 公顷。你能设计一个面积是 1 公顷的其他图形吗？试试看。要求：画出示意图，并标上相关数据。

续表

活动过程	教师活动	学生活动	学习评价
三、交流感悟，建立表象 【设计意图】通过视觉、听觉、走路、开车等与周围环境互动，再通过算一算、估一估建立非标准式表象。多渠道、多形式的活动让公顷、平方千米在学生头脑里的印象逐渐清晰、深刻，培养学生的空间观念，发展学生的推理能力，发展量感。	1. 引导学生建立1公顷的表象。 2. 引导学生建立1平方千米的表象。	1. 建立1公顷的表象 (1) 站在校园最东侧，能否看到西侧、南侧、北侧？ (2) 站在校园最东侧，喊一喊，西侧、南侧、北侧的同学能听得到吗？ (3) 沿着校园走一圈，有什么感受？ (4) 算一算：几个教室面积是1公顷？几个篮球场面积是1公顷？ (5) 估一估，推理生活中熟悉的地方是几公顷？ 2. 建立1平方千米的表象 (1) 从学校出发到哪儿围成的面积大约是1平方千米？观看教师课件动态演示。 (2) 站在这个1平方千米的一侧，能看到另外三侧吗？喊一喊能听到吗？走一圈要多久？开车一圈大概要多久？ (3) 估一估：1平方千米大约相当于几个学校？ (4) 读一读资料，了解莆田市、荔城区的大小。	

续表

活动过程	教师活动	学生活动	学习评价
四、巩固应用，内化提高 【设计意图】通过相应的练习进行巩固提升，并补充数学史的介绍，丰富学生对数学发展及现状的整体认识，培养学生探索数学、学习数学的兴趣。	课件出示练习。	完成下列练习： 1. 课本第36页练习。 2. 闯关练习。 3. 提升练习。 4. 介绍数学文化。	

第三课时

【课时内容】

面积单位间的进率

【课型】

拓展课

【课时目标】

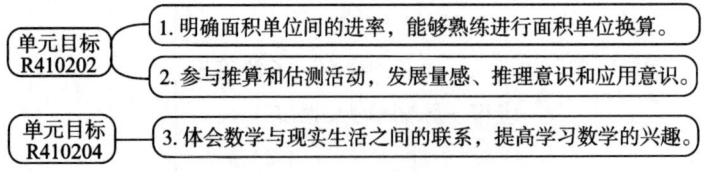

单元目标 R410202　1. 明确面积单位间的进率，能够熟练进行面积单位换算。

2. 参与推算和估测活动，发展量感、推理意识和应用意识。

单元目标 R410204　3. 体会数学与现实生活之间的联系，提高学习数学的兴趣。

【教学实施路线图】

回顾学过的面积单位间的进率—自主探究平方米、公顷和平方千米间的进率—完善面积间进率知识体系—应用练习，发展量感

活动过程	教师活动	学生活动	学习评价
一、复习旧知，引入新课 【设计意图】回顾学过的面积单位间的进率，既巩固了旧知，又为本节课探究平方米、公顷和平方千米间的进率提供了支撑。在复习的基础上引出课题，实现了新旧知识的连接，注重大单元结构化教学。	1. 复习旧知回顾以前学过的面积单位间的进率。 2. 引入新课面积单位间的进率。	1. 回顾旧知，交流平方厘米、平方分米和平方米之间的进率。	**基础练习**（落实课时目标1） 1.1平方千米=（　）公顷=（　）平方米 30平方千米=（　）平方米 900公顷=（　）平方千米 60公顷=（　）平方米 **提升练习**（落实课时目标2、3） 2. 城市广场是一个周长为2千米的正方形，广场面积是多少？多少个这样的广场的面积是1平方千米？
二、自主探究，推导进率 【设计意图】让学生通过回忆所学的面积单位，并找到知识间联系，通过观察图很自然地发现平方米和公顷之间的进率不同。	1. 自主探索，推导平方米、公顷和平方千米间的进率。 2. 交流观点，梳理面积间的进率。 3. 思考：为什么平方米和公顷间的进率是10000？	1. 独立动手，尝试推导平方米、公顷和平方千米间的进率。 2. 经历观察、推理、发现、交流、验证等活动总结梳理面积间的进率。 3. 认识平方百米，理解了平方米和公顷的进率为什么是10000。	**应用拓展**（落实课时目标2、3） 3. 有一块长方形林地，如果长增加5千米，宽不变，则面积增加15平方千米，如果宽增加6千米，长不变，则面积增加48平方千米，这块林地的面积是多少平方千米？

续表

活动过程	教师活动	学生活动	学习评价
三、巩固练习，提升能力 【设计意图】通过练习，让学生进一步厘清这些面积间的进率关系。	1. 课件出示练习。 2. 组织学生交流、反馈。	1. 学生独立完成练习。 (1) 单位换算。 (2) 选择合适的单位填空。 2. 全班交流、反馈。	
四、全课总结，感悟提升 【设计意图】回顾反思，感悟提升，不断巩固面积之间的联系，建立对面积知识体系的完整认识，完善知识体系。	1. 交流学习收获。 2. 总结。	学生回顾、交流、反思、感悟。	

第二节　以大概念为本的语文大单元教学设计

统编版五年级下册第八单元　风趣与幽默

一、单元整体教学设计（设计：连鲤颖、吴爱贤、姚雨晴）

本单元大概念	大概念：幽默风趣是一种语言智慧，运用幽默风趣的语言使文章更具有感染力。 理由一：依据本年级学生认知发展与学习需要，读写中进一步学习、掌握感受与表达幽默语言的方法。 理由二：依据教材单元主题与语文要素，确定本单元大概念为"幽默风趣是一种语言智慧，运用幽默风趣的语言使文章更具有感染力"。 理由三：根据新课标第三学段"文学阅读与创意表达"学习任务群要求提取。
学习内容分析	本单元围绕人文主题"风趣与幽默是智慧的闪现"组织选文，编排了两篇精读课文《杨氏之子》《手指》，一篇略读课文《童年的发现》，"语文园地"中编排了"为人"的5条格言。这些课文体裁各异，有文言文、散文、记叙文。本单元的习作是"漫画的启示"，属经验启示类应用文的练习。 《杨氏之子》是一篇文言文，描写了孔君平和杨氏子主客双方围绕姓氏展开的一场巧妙对话，从而勾勒出一个机敏善对的聪慧男孩形象。《手指》一文，用拟人化的手法和趣味盎然的语言，把五个性格各异的手指形象写得活灵活现。《童年的发现》则是以儿童视角描述"我"九岁时发现胚胎发育规律的有趣过程，俏皮的语言和幽默的自我调侃令人忍俊不禁。 本单元的课文从不同角度体现了语言表达的艺术：有主客双方机智巧妙的对话；有丰富多样的语言表达；有幽默俏皮的自我调侃。本单元的语文要素是"感受课文风趣的语言""看漫画写出自己的想法"。风趣的语言除了生动有趣、使人发笑之外，往往还能让读者在一笑之余有所回味。此前，三年级上册已经安排过"关注有新鲜感的词语和句子""感受课文生动的语言"等语文要素，本单元再次聚焦语言，让学生感受语言的风趣，是对语言感受力要求的进一步提升。其中《杨氏之子》和《童年的发现》都讲了9岁儿童童年生活的趣事。《手指》一文体现出丰子恺先生语言的风趣幽默。"交流平台"

续表

	引导学生对三篇课文内容和语言的风趣之处作梳理和总结。"词句段运用"让学生体会语句的表达特点并进行仿写,学习把事物比作人或把人比作事物来写的方法,提高表达的趣味性。本单元的文本设置都与单元主题"幽默风趣有智慧"一致,为了帮助学生建立真实生活与文本内容的联系,更好地感受语言的风趣幽默,可以适时地调整原有的教材顺序。
课标依据	一、课程目标(P12—13) 【阅读与鉴赏】 1. 能联系上下文和自己的积累,推想课文中有关词句的意思,辨别词语的感情色彩,体会其表达效果。 2. 在阅读中了解文章的表达顺序,体会作者的思想感情,初步领悟文章的基本表达方法。在交流和讨论中,敢于提出看法,做出自己的判断。 【表达与交流】 3. 听人说话认真、耐心,能抓住要点,并能简要转述。乐于表达,与人交流能尊重和理解对方。注意语言美,抵制不文明语言。 4. 表达有条理,语气、语调适当。敢于发表自己的意见,说清自己的观点。 【梳理与探究】 5. 感受不同媒介的表达效果,学习跨媒介阅读和运用。初步运用多种方法整理和呈现信息。 二、学习任务群(P27) 【文学阅读与创意表达】 阅读表现人与社会的优秀文学作品,走进广阔的文学艺术世界,学习品味作品语言、欣赏艺术形象,复述印象深刻的故事情节,积累多样的情感体验,学习联想与想象,尝试富有创意的表达。
学情分析	语言品鉴能力的不断提升

三年级上册第一单元	关注有新鲜感的词语和句子	建立在学生认知角度上感知"新鲜"的词句。
三年级下册第一单元	体会优美生动的语句	建立在学生感知层面上体会语句的优美生动。
四年级上册第三单元	体会文章准确生动的表达	建立在细致观察、准确描绘基础上的生动表达。
四年级下册第八单元	感受课文风趣的语言	从内容和表达两个方面进一步提升语言感受力。

114

续表

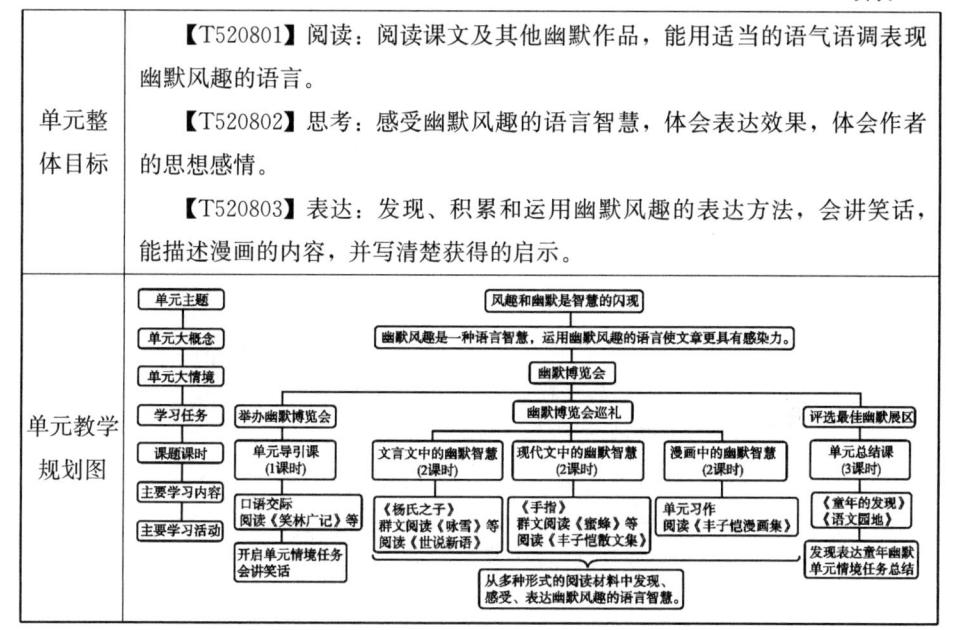

单元整体目标	【T520801】阅读：阅读课文及其他幽默作品，能用适当的语气语调表现幽默风趣的语言。 【T520802】思考：感受幽默风趣的语言智慧，体会表达效果，体会作者的思想感情。 【T520803】表达：发现、积累和运用幽默风趣的表达方法，会讲笑话，能描述漫画的内容，并写清楚获得的启示。
单元教学规划图	单元主题：风趣和幽默是智慧的闪现 单元大概念：幽默风趣是一种语言智慧，运用幽默风趣的语言使文章更具有感染力。 单元大情境：幽默博览会 学习任务：举办幽默博览会——幽默博览会巡礼——评选最佳幽默展区 课题课时：单元导引课(1课时)、文言文中的幽默智慧(2课时)、现代文中的幽默智慧(2课时)、漫画中的幽默智慧(2课时)、单元总结课(3课时) 主要学习内容：口语交际、阅读《笑林广记》等；《杨氏之子》群文阅读《咏雪》等阅读《世说新语》；《手指》群文阅读《蜜蜂》等阅读《丰子恺散文集》；单元习作阅读《丰子恺漫画集》；《童年的发现》《语文园地》 主要学习活动：开启单元情境任务 会讲笑话；从多种形式的阅读材料中发现、感受、表达幽默风趣的语言智慧。；发现表达童年幽默 单元情境任务总结

二、单元课时设计

第一课时

【课时内容】

举办幽默博览会

【课型】

种子课

【课时目标】

围绕"幽默风趣是一种语言智慧，运用幽默风趣的语言使文章更具有感染力"这一大概念设定，结合单元目标制定以下课时目标：

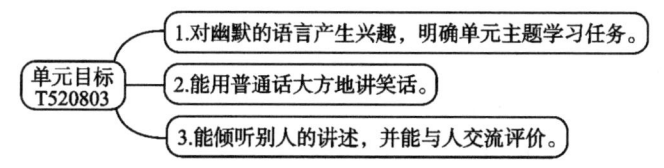

单元目标 T520803
1. 对幽默的语言产生兴趣，明确单元主题学习任务。
2. 能用普通话大方地讲笑话。
3. 能倾听别人的讲述，并能与人交流评价。

【教学实施路线图】

创设情境，明确单元主题学习任务——讲笑话，完成口语交际，感受笑话

中的幽默风趣的语言智慧—拓展阅读

活动过程	教师活动	学生活动	学习评价
一、创设情境，引入主题 【设计意图】创设情境，导入单元主题，激发学生的学习兴趣。	谈话导入：今天，我们要来举办幽默博览会，每块展区中，都应该有几件幽默"商品"。这些"商品"来自于自己阅读中收集的幽默的文章、故事、漫画和从他人或者资料中获得的笑话等。要注意这些"商品"需要具备"风趣幽默的语言是智慧的闪现"的特点。 一个好的展区还需要有好的方法推销自己的商品，所以幽默博览会开张时，需要有一场"开业活动"来吸引顾客。开张后，需要开展"商品展销会"，借助多种形式（批注卡、语言讲解朗读、漫画启示等）推销自己的产品，展现其中的风趣幽默。每一位顾客在展区开张后要选择自己最想购买的产品，并说明理由，然后评选出"最畅销的商品"。	小组合作，完成幽默博览会策划书（附后）： 1. 确定展区名称，主打"幽默"商品的主题、题材、语言风格等。 2. 收集并阅读幽默的文章、故事、漫画和笑话等。 3. 小组内分享，打造主打产品，分配好任务。	（落实课时目标1） 1. 对幽默的语言产生兴趣； 2. 积极参与"幽默展区"的策划与组织工作，小组合作，提供简单的活动设计方案。

第四章　以大概念为本的大单元教学设计

续表

活动过程	教师活动	学生活动	学习评价
二、幽默博览会，开业典礼 活动一：阅读教材，获得启示。 【设计意图】以本为据，让学生在讲笑话时有的放矢。 活动二：小组交流，分享笑话。 活动三：笑话大会，开业仪式。 【设计意图】学以致用，激发学生学习兴趣，体会语言的机智和幽默。	1. 引导学生明确讲笑话的注意点。 2. 学生小组合作，组内分享笑话时，教师相机指导，剔除不良低俗笑话，引导孩子体会语言的机智和幽默。 3. 听取小组选取的笑话，及时点评。	活动一：师生共同阅读课本"口语交际"的要求，明确讲笑话的注意点。 活动二：学生小组合作，分享课前收集的笑话，组内分享笑话并投票，推举一名同学参加班级展示，共同提出改进建议。 活动三：开展班级"讲笑话"大会，作为幽默博览会开业仪式，推选出"笑话大王"。	（落实课时目标2、3） 讲笑话的评价标准： 1. 熟记笑话的内容； 2. 表现人物的语气、神态和动作； 3. 克服不良的口语习惯； 4. 不笑场。 听众的评价标准： 1. 用心倾听，做一个好的听众； 2. 乐于表达，敢于发表自己的意见，说清自己的观点； 3. 表达有条理，语气、语调适当； 4. 与人交流能尊重和理解对方。注意语言美，抵制不文明语言。
三、传递笑话，分享快乐 【设计意图】由课堂延伸至生活，将快乐与智慧传递。	1. 布置作业： （1）把笑话讲给家人或朋友听。 （2）继续幽默展区筹备工作。 2. 推荐阅读： 《笑林广记》 《广笑府》 《笑话集锦》	1. 把笑话讲给家人或朋友听。 2. 继续幽默展区筹备工作。 3. 阅读自己感兴趣的笑话。	

第二—三课时

【课时内容】

幽默博览会巡礼

板块一：文言文中的幽默智慧

【课型】

精读课

群文课

【课时目标】

围绕"幽默风趣是一种语言智慧，运用幽默风趣的语言使文章更具有感染力"这一大概念设定，结合单元目标制定以下课时目标：

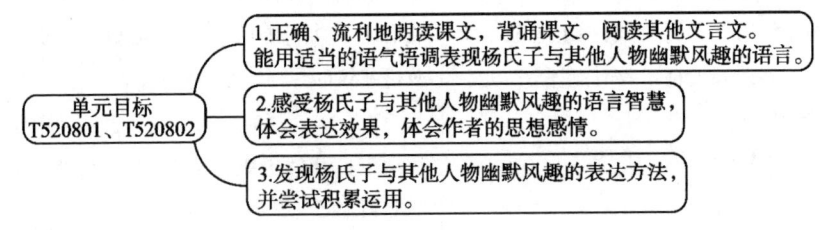

单元目标 T520801、T520802

1. 正确、流利地朗读课文，背诵课文。阅读其他文言文。能用适当的语气语调表现杨氏子与其他人物幽默风趣的语言。

2. 感受杨氏子与其他人物幽默风趣的语言智慧，体会表达效果，体会作者的思想感情。

3. 发现杨氏子与其他人物幽默风趣的表达方法，并尝试积累运用。

【教学实施路线图】

明确子任务：发现文言文中的语言智慧—学习《杨氏之子》—群文阅读—拓展阅读

活动过程	教师活动	学生活动	学习评价
一、回归情境，引入主题 【设计意图】回归单元情境，导入课题，激发学生的学习兴趣。	1. 回归单元情境：幽默博览会。 2. 导入本课主题：幽默博览会巡礼之文言文中的语言智慧。	交流课外收集的幽默小古文，找出其中自己认为幽默风趣的地方，小组内初步交流。	（落实课时目标1）对文言文中的幽默语言产生兴趣。

续表

活动过程	教师活动	学生活动	学习评价
二、学习《杨氏之子》，感受文言文中的幽默智慧。 活动一：人物初相识 活动二：展幽默智慧 活动三：制作推荐卡 【设计意图】通过学习教材中的文言文，发现品析文言文蕴藏的幽默智慧。了解中华优秀传统文化的源远流长、丰富多彩。	1. 指导学生正确、流利地朗读课文，读好句子中的停顿。 2. 引导学生通过借助注释等方法，了解课文大意。 3. 探讨杨氏子机智应答背后的思维智慧。 4. 组织小组活动：制作推荐卡。全班交流。	1. 正确、流利地朗读课文，读好句子中的停顿。 2. 通过借助注释等方法，了解课文大意。 3. 制作思维导图，发现杨氏子机智应答背后，利用谐音、借式回应的思维智慧。 4. 仿说。 5. 小组合作，制作推荐卡。 6. 全班交流。	（落实课时目标1、2、3） 1. 正确、流利地朗读课文，读好句子中的停顿。 2. 了解课文大意。 3. 发现杨氏子的思维智慧并仿说。 4. 参与小组合作，制作推荐卡。
三、群文阅读，感受传统文化中的幽默智慧 【设计意图】学以致用，在群文阅读中提升中华传统文化修养。	1. 指导学生正确朗读小古文。 2. 引导学生通过借助注释等方法，了解文章大意。 3. 探讨文言文中的语言智慧。 4. 组织制作推荐卡并全班交流。	1. 正确朗读小古文《咏雪》《赏月》。 2. 通过借助注释等方法，了解文章大意。 3. 发现文言文中的语言智慧。 4. 制作推荐卡。 5. 全班交流。	（落实课时目标1、2、3） 1. 正确朗读小古文。 2. 了解文章大意。 3. 运用从课文中学到的方法发现小古文中的语言智慧。 4. 参与小组合作，制作推荐卡。

续表

活动过程	教师活动	学生活动	学习评价
四、推荐阅读，拓展延伸	推荐阅读《世说新语》。	继续探索文言文中的幽默智慧，制作推荐卡，与同学交流。	

第四—五课时

【课时内容】

幽默博览会巡礼

板块二：现代文中的幽默智慧

【课型】

精读课

群文课

【课时目标】

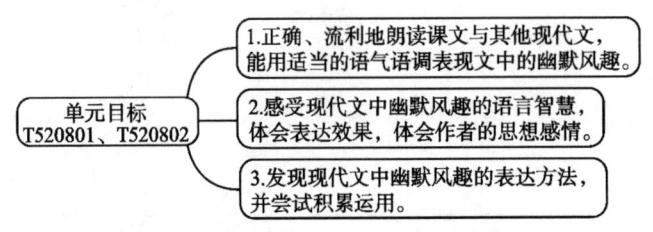

单元目标 T520801、T520802
1. 正确、流利地朗读课文与其他现代文，能用适当的语气语调表现文中的幽默风趣。
2. 感受现代文中幽默风趣的语言智慧，体会表达效果，体会作者的思想感情。
3. 发现现代文中幽默风趣的表达方法，并尝试积累运用。

【教学实施路线图】

明确子任务：发现现代文中的语言智慧—学习《手指》—群文阅读—拓展阅读

活动过程	教师活动	学生活动	学习评价
一、回归情境，引入主题 【设计意图】回归单元情境，导入课题，激发学生的学习兴趣。	1. 回归单元情境：幽默博览会。 2. 导入本课主题：幽默博览会巡礼之现代文中的语言智慧。	交流自己知道的语言大师及其小故事。	（落实课时目标1） 对现代文中的幽默语言产生兴趣。

续表

活动过程	教师活动	学生活动	学习评价
二、学习《手指》，感受文言文中的幽默智慧。 活动一：体物入微，感受特点 活动二：合作探究，品读悟趣 活动三：制作推荐卡 【设计意图】通过学习教材中的现代文，发现品析现代文蕴藏的幽默智慧，并在仿写中积累运用。	1. 出示表格，指导学生借助关键语句梳理文章结构，了解五根手指各自的特点。 2. 组织小组合作，体会课文语言的风趣幽默，指导有感情地朗读。 3. 引导发现拟人化的表达方法并仿写。 4. 组织小组合作，制作推荐卡。全班交流。	1. 借助关键语句梳理文章结构，了解五根手指各自的特点。 2. 小组合作，体会课文语言的风趣幽默，有感情地朗读。 3. 发现拟人化的表达方法并仿写。 4. 小组合作，制作推荐卡。 5. 全班交流。	（落实课时目标1、2、3） 1. 正确、流利地朗读课文，能用适当的语气语调表现文中的幽默风趣。 2. 发现拟人化的表达方法并仿写。 3. 参与小组合作，制作推荐卡。
三、群文阅读，感受语言大师的幽默智慧 【设计意图】学以致用，在群文阅读中感受语言大师的幽默智慧。	1. 引导学生探讨群文中风趣幽默的语言、耐人寻味的哲理、独具匠心的选材，并完成学习单。 2. 组织制作推荐卡并全班交流。	1. 阅读丰子恺充满幽默智慧的文章《"不生眼睛"的扁豆秧》《蜜蜂》。 2. 品读文章，感受作家风趣幽默的语言、耐人寻味的哲理、独具匠心的选材，并完成学习单。 3. 制作推荐卡。 4. 全班交流。	（落实课时目标1、2、3） 1. 运用从课文中学到的方法发现群文中的语言智慧。 2. 参与小组合作，制作推荐卡。

续表

活动过程	教师活动	学生活动	学习评价
四、推荐阅读，拓展延伸	推荐阅读《丰子恺散文集》。	继续探索现代文中的幽默智慧，制作推荐卡，与同学交流。	

第六—七课时

【课时内容】

幽默博览会巡礼

板块三：漫画中的幽默智慧

【课型】

习作课

【课时目标】

围绕"幽默风趣是一种语言智慧，运用幽默风趣的语言使文章更具有感染力"这一大概念设定，结合单元目标制定以下课时目标：

单元目标 T520803
1. 运用本单元课内课外阅读中发现积累的幽默风趣的表达方法，写清楚漫画的内容和可笑之处。
2. 能借助标题或提示语，联系生活，写清楚从漫画中获得的启示。

【教学实施路线图】

明确子任务：漫画中的幽默智慧—完成单元习作—拓展阅读

活动过程	教师活动	学生活动	学习评价
一、回归情境，引入主题 【设计意图】回归单元情境，导入课题，激发学生的写作兴趣。	1. 回归单元情境：幽默博览会。 2. 导入本课主题：幽默博览会巡礼之漫画中的语言智慧。把自己的作品也放进幽默展区。 3. 出示漫画，引导学生认识漫画特点。	1. 交流课前搜集的漫画。 2. 交流讨论，认识漫画的特点。	（落实课时目标1）对漫画中的幽默智慧产生兴趣。

续表

活动过程	教师活动	学生活动	学习评价
二、看图习作，感受漫画中的幽默智慧。 活动一：细察图文，欣赏漫画。 活动二：联系生活，感悟漫画。 活动三：明确要求，撰写漫画。 活动四：制作推荐卡。 【设计意图】通过欣赏漫画，发现品析漫画中蕴藏的幽默智慧，并在习作中运用本单元积累的表达方法。	1. 出示教材中的漫画，引导学生观察漫画，读懂图意，发现可笑之处。表格梳理。 2. 引导学生从小组分享的漫画中挑选优秀作品，借助表格说清楚。组织小组交流与全班分享。 3. 出示多个思维导图范例，引导学生联系生活，思考漫画的含义，组织交流。 4. 小结习作方法，鼓励学生动笔，完成自己的幽默作品。 5. 组织小组合作，制作推荐卡。全班交流。	1. 观察教材中的漫画，读懂图意，发现可笑之处。 2. 从小组分享的漫画中挑选优秀作品，借助表格说清楚。 3. 小组交流与全班分享。 4. 选择一种思维导图样式，填写由漫画联想到的社会上的人或事。 5. 交流讨论。 6. 选择自己喜欢的漫画，运用积累的幽默风趣的表达方法，完成习作。 7. 小组合作，制作推荐卡。 8. 全班交流。	（落实课时目标1、2） 1. 写清楚漫画的内容和可笑之处，以及从漫画中获得的启示。 2. 参与小组合作，制作推荐卡。
三、总结提升，评价修改 【设计意图】教学评一体，在自评互评修改中提升习作能力，进一步感受漫画中的幽默智慧。	1. 出示评价表，组织开展自评与互评，并完成评价单。 2. 指导学生修改习作。 3. 组织制作推荐卡并全班交流。	1. 对照评价表，开展自评与互评，并完成评价单。 2. 修改习作。 3. 为自己的习作制作推荐卡并全班交流。	（落实课时目标1、2） 1. 修改自己的习作，并主动与他人交换修改，做到语句通顺，行款正确，书写规范、整洁。 2. 为自己的习作制作推荐卡。

续表

活动过程	教师活动	学生活动	学习评价
四、推荐阅读，拓展延伸	推荐阅读《丰子恺漫画集》。	继续探索漫画中的幽默智慧，制作推荐卡，与同学交流。	

第八—十课时

【课时内容】

最佳幽默展区评选

【课型】

总结课

【课时目标】

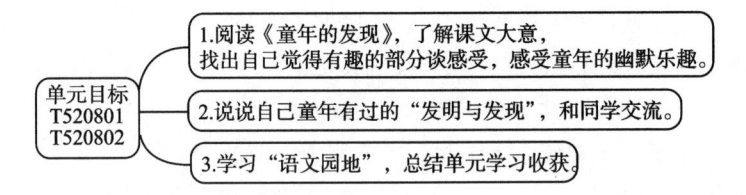

单元目标
T520801
T520802

1. 阅读《童年的发现》，了解课文大意，找出自己觉得有趣的部分谈感受，感受童年的幽默乐趣。
2. 说说自己童年有过的"发明与发现"，和同学交流。
3. 学习"语文园地"，总结单元学习收获。

【教学实施路线图】

学习"语文园地"—学习—总结

活动过程	教师活动	学生活动	学习评价
一、单元总结，统整发现 【设计意图】以本为据，总结单元要素，体会幽默风趣是一种语言智慧。	师生共同学习"语文园地"，单元总结。	学习"语文园地"，生生合作、师生合作总结单元的学习要点。	（落实课时目标3）单元总结，体会到幽默风趣是一种语言智慧。

续表

活动过程	教师活动	学生活动	学习评价
二、以"本"作"练",巩固新知 【设计意图】培养自主学习能力,让学生学以致用。	教师引导学生根据所学,自主阅读略读课文《童年的发现》,结合自己的生活实际,设计一件"童年趣事"商品,放入小组的"幽默展区"中。	自主阅读略读课文《童年的发现》,结合自己的生活实际,设计一件"童年趣事"商品,放入小组的"幽默展区"中。	(落实课时目标1、2) 学以致用,自学能力得到提升,掌握幽默语言的智慧。
三、单元情境,评选最佳幽默展区 【设计意图】回归情境,对单元情境任务的总结。	布置任务:评选"最佳幽默展区"。	所有的幽默展区巡礼后,大家支付"支票"预订自己认为最幽默的作品,预订"支票"上需写清自己喜欢该商品的理由。根据预订数量,评选出"最佳幽默展区"。	(落实课时目标3) 在交流和讨论中,敢于提出看法,做出自己的判断。

统编版六年级上册第五单元　围绕中心意思写

一、单元整体设计（设计：蒋雅晴、张丽丽、罗易珠）

本单元大概念	单元大概念：运用从不同方面或选取不同事例的方法，表达文章中心意思，培养学生交流与表达的能力。 本单元采取自下而上的方法提取大概念。 理由一：统编教材六年级第五单元是习作单元，本单元的语文要素为：体会文章是怎样围绕中心意思来写的。习作要求是：从不同方面或选取不同事例，表达中心意思。围绕这一要素，安排了写人、记事、写景等不同类型的课文，包括精读课文和习作例文，引导学生体会怎样表达中心意思，帮助学生掌握围绕中心意思写作的方法。因此，对于本单元大概念的提炼应以"表达中心意思"写作方法为抓手。 理由二：对标《义务教育语文课程标准（2022年版）》，本单元隶属于文学阅读与创意表达学习任务群。文学阅读与创意表达学习任务群旨在引导学生在语文实践活动中了解文学作品的基本特点，欣赏和评价语言文字作品，提高审美品位，观察感受自然与社会，表达自己独特的体验与思考，尝试创作文学作品。根据此学习任务群的定位和要求，提炼大概念，引导学生在文学阅读中建立真实生活与课文内容的联系，在创意表达中，自然而然地抒发真情实感。 理由三：可由下位向上位提炼，糅合单元人文主题与语文要素，从单元特点和主题价值、语文的知识和规律、学科的方法和思想等方面，紧扣精读课文、略读课文、交流平台等学习资源中的提示，可以得到一个处于上位的、意义深刻且能体现单元核心知识本质的大概念：学习从不同方面或选取不同事例的方法，表达文章中心意思，培养学生交流与表达的能力。

续表

学习内容分析	本单元是习作单元，以"围绕中心意思写"为主题，包含《夏天里的成长》《盼》两篇课文，"交流平台和初试身手"包括《爸爸的计划》《小站》两篇习作例文以及一个习作训练。本单元最重要的语文要素是"围绕中心意思写"。本单元所选的两篇课文，作者都是围绕中心意思写的。教学本单元课文要以读为主，学习默读课文，边读边思考，从而较准确地把握课文大意，体会人物的心理活动，并在学习的过程中领悟文章是如何围绕中心意思写的。"交流平台"教学要关注课文，让学生理解如何围绕中心意思从不同方面或选取不同的事例写，并掌握把重点事例写具体的方法，理解其意义。"初试身手"教学，通过两道思考题，让学生从易到难，学习围绕具体的题目进行选材的方法，重点引导学生围绕题目选取恰当的事例或合适的写作角度。"习作例文"教学，以学生自读为主，突出自主学习，使其进一步领悟如何围绕中心意思写。 六年级的习作单元注重从内容和结构两个方面，引导学生关注文章的中心思想，以及中心和材料之间的关系，强调培养学生写作前的选材构思能力，这一能力的训练，在中高年级的各册教材中都有循序渐进的体现，具体情形如下： | 册别	单元	语文要素
---	---	---
三上	第六单元	借助关键语句理解一段话的意思；习作时，试着围绕一个意思写。
三下	第三单元	了解课文是怎样围绕一个意思把一段话写清楚的。
三下	第四单元	借助关键语句概括一段话的大意。
三下	第七单元	了解课文是从哪几个方面把事物写清楚的。
三下	第四单元	学习列提纲，分段叙述。	 从表格中可以看出，从中年级开始，在教材编排上，编者已经开始有目的、有计划地引导学生关注文章结构了，从了解一段话的中心意思，到了解一篇文章的段落结构，再到通过列提纲进行写作前的构思选材，这些都是在循序渐进地锻炼学生写作前的选材构思能力，在此基础上，本单元旨在引导学生综合运用写人、记事等方法，写出中心明确、材料具体而恰当的习作。

续表

课标依据	课程标准从"课程目标""课程内容""学业质量"三方面为依据进行分析： **课程目标**：能根据需要，用书面语言具体明确、文从字顺地表达自己的见闻、体验和想法。（P6） **课程内容**："文学阅读与创意表达"：本学习任务群旨在引导学生在语文实践活动中，通过整体感知、联想想象，感受文学语言和形象的独特魅力，获得个性化的审美体验；了解文学作品的基本特点，欣赏和评价语言文字作品，提高审美品位；观察、感受自然与社会，表达自己独特的体验与思考，尝试创作文学作品。（P26） **学业质量**：养成留心观察周围事物的习惯，有意识地丰富自己的见闻，乐于表达自己的独特感受。（P40）
学情分析	**认知起点**：从学生三至五年级学习过的习作要素我们能够发现，小学语文习作体系正在逐步形成。"围绕一个意思写—写清楚—写具体"这些关键词组告诉我们，习作表达的要求在逐步提高，学生的习作能力在不断形成，换句话说，此次六年级习作教学于学生而言，已有坚实的基础。 **认知难点**：写一段话与写一篇文章所需要的材料选择和组织能力不能相提并论，六年级学生能轻松做到围绕一个意思写一段话，但是并不能保证围绕一个中心意思写一篇文章。后者对思维的连贯性、逻辑性和层次性的要求更高。
单元目标	炼取大概念后，应对照新课标，基于学段要求与学情的特点，制定与单元大概念要素全面呼应的六年级（上册）第五单元的教学目标： 【T610501】在核心任务"拿起纸笔　见字如面"系列任务中，燃起学生拿起纸笔表达的热情，自主拟写提纲。 【T610502】通过联系、比较阅读《夏天里的成长》《盼》两篇文章，体会文章是怎样围绕中心意思选择恰当材料与方法。 【T610503】能围绕中心意思选择合适的材料，在写作实践中体会怎样做到围绕中心意思写。 【T610504】能根据同伴建议，结合两篇习作例文，学习借鉴写法，修改完善习作内容。

续表

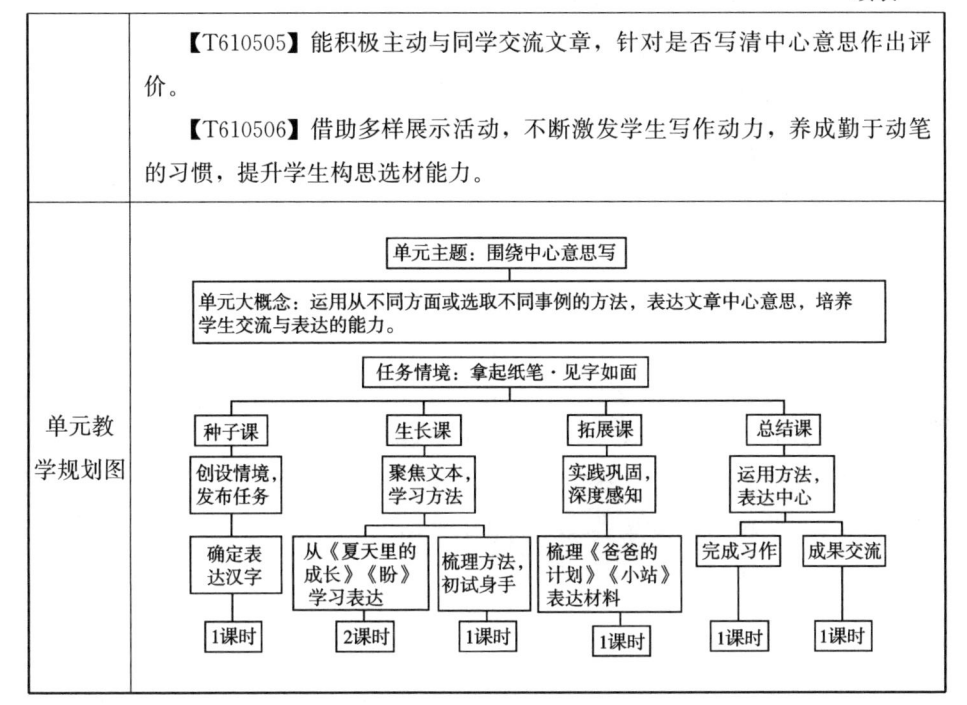

单元教学规划图	【T610505】能积极主动与同学交流文章，针对是否写清中心意思作出评价。 【T610506】借助多样展示活动，不断激发学生写作动力，养成勤于动笔的习惯，提升学生构思选材能力。
	单元主题：围绕中心意思写 单元大概念：运用从不同方面或选取不同事例的方法，表达文章中心意思，培养学生交流与表达的能力。 任务情境：拿起纸笔·见字如面 种子课——创设情境，发布任务——确定表达汉字（1课时） 生长课——聚焦文本，学习方法——从《夏天里的成长》《盼》学习表达（2课时）——梳理方法，初试身手（1课时） 拓展课——实践巩固，深度感知——梳理《爸爸的计划》《小站》表达材料（1课时） 总结课——运用方法，表达中心——完成习作（1课时）——成果交流（1课时）

二、单元课时设计

第一课时

【课时内容】

创设情境，发布任务

【课型】

种子课

【课时目标】

围绕"运用从不同方面或选取不同事例的方法，表达文章中心意思，培养学生交流与表达的能力"这一大概念设定，结合本单元目标设计以下课时目标：

单元目标
T6010501
- 1. 整体感知学习内容，明确学习目标。
- 2. 理解单元导语页内容和中心意思的含义。
- 3. 理清习作单元学习主线，明确单元核心学习任务。

【教学实施路线图】

调动学习经验—厘清材料与中心思想的关系—明确大概念含义

活动过程	教师活动	学生活动	学习评价
一、创设情境，揭示课题 【设计意图】学生对于习作普遍有着畏难情绪，用征稿活动，既可以明确习作要求，又能激发学生学习的热情。	发布征稿主题："拿起纸笔，见字如面"。明确要求选择自己最有感触的汉字。 甜 乐 泪 暖 悔 望 迷 妙 变 忙 寻 让	1. 分享自己所选择的最有感触的汉字。 2. 小组交流围绕这个汉字联想到的故事。	（落实课时目标1）能围绕汉字与生活经历产生联想。
二、了解目标，探究新知 【设计意图】围绕中心表达明确"什么是中心"是第一步，以单元导语为突破口，可以让学生更好地理解本单元的习作重点。	出示单元导读页，引用古人的话，引导学生明确确立文章中心意思的重要性。	借助工具书和名言，理解单元导引页内容和中心意思的含义。	（落实课时目标1） 1. 能初步了解单元学习目标。 2. 能体会围绕中心意思表达的重要性。
三、尝试练习，巩固新知 【设计意图】通过游戏激趣，引导学生初步体会语言表达。	发布热身小游戏：调动学生已知"围绕中心意思写一段话"，选择一个汉字，并围绕其说一段话，其他同学猜该汉字是什么。	快速围绕中心意思写一段话并分享自己的思路。	（落实课时目标3）能够根据提纲有方向、有中心分步骤梳理自己的思路。

活动过程	教师活动	学生活动	学习评价
四、全课总结，拓展延伸 【设计意图】初步引导学生围绕中心意思选取素材构思习作框架，并了解学生的写作难点。	出示提纲表格，组织学生根据所选汉字进行初次构思。 | 我遇到困难或疑惑 | 得到的启发 | 从哪里得到的 | |---|---|---| | | | | | | | | | | | |	1. 联系上面两个活动交流自己的发现和体会。 2. 自主选择一个汉字，确定要表达的中心意思，尝试列出写作提纲，同时把自己遇到的困难记下来。	（落实课时目标3）能初步体会选取事例的思考过程。

第二—三课时

【课时内容】

聚焦文本，学习写法

【课型】

生长课

【课时目标】

围绕"运用从不同方面或选取不同事例的方法，表达文章中心意思，培养学生交流与表达的能力"这一大概念设定，结合本单元目标设计以下课时目标：

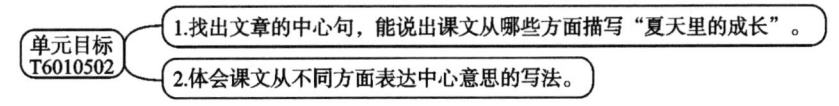

单元目标 T6010502
1. 找出文章的中心句，能说出课文从哪些方面描写"夏天里的成长"。
2. 体会课文从不同方面表达中心意思的写法。

【教学实施路线图】

借助精读课文体会材料与中心意思的关系—初步感悟具体表达方法—学习从不同方面表达中心意思的写法

活动过程	教师活动	学生活动	学习评价
一、紧扣中心，梳理文脉 【设计意图】紧扣"万物"和"迅速生长"两个中心词，后面的方法引导指向会更清晰。	1. 启发学生紧扣中心句，梳理文脉。 2. 指导学生聚焦课文第二自然段，学习围绕中心表达。	1. 学生默读课文，边读边圈画关键内容，思考问题：《夏日里的成长》中，作者想要表达的中心意思是什么？文章是怎样围绕这句话来写的？ 2. 圈画出表示时间和生长变化的词语。思考文章是怎样体现这一段的中心意思的。	（落实课时目标1）能说出课文从哪些方面描写"夏天里的成长"。
二、品读语句，指导学法 【设计意图】老师循循善诱，让学生在潜移默化中懂得了围绕中心意思写。	引导学生梳理表格，关注材料，发现事例与中心意思的关系。	关注选段，梳理文章表达思路，完成思维导图。 导图范例二 动植物的成长 植物　动物	（落实课时目标1）能体会作者是怎样表现这一段的中心意思的。
三、深度阅读，领悟写法 【设计意图】体会作者如何围绕中心意思选取材料，学习仿写，体现学法迁移。	组织学生交流反馈，尝试选择事物，围绕中心意思，尝试表达。	1. 拓展思路，选择几种夏天迅速生长的事物，仿照文中对生物飞快生长的状态的描写，尝试表达。 2. 完成后，与同桌互评。	（落实课时目标2）能积极主动实践所学方法，明确习作思路。

续表

活动过程	教师活动	学生活动	学习评价
四、反馈交流，领悟表达方法 【设计意图】学生在合作探究的同时一步步了解围绕一个中心意思表达是有层次的，绘制图表，给学生提供了转换思维的支架。	1. 指导学生尝试运用总分式思维导图，绘制第三、第四段的图示。 2. 引导学生根据绘制的思维导图比较第二自然段与第三自然段在表达上的异同点。	1. 自主学习：默读第三、四自然段，画出作者围绕中心的表达图示。 2. 合作学习：比较动植物与事物在夏天里飞快成长的不同状态，发现表达的相同点与不同点。	（落实课时目标2）能厘清思路，体会文本语言表达的丰富性，能学习文章的写作方法。

第四课时

【课时内容】

聚焦文本，学习写法

【课型】

生长课

【课时目标】

围绕"运用从不同方面或选取不同事例的方法，表达文章中心意思，培养学生交流与表达的能力"这一大概念设定，结合本单元目标设计以下课时目标：

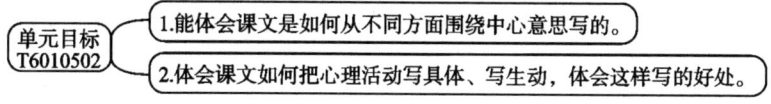

单元目标 T6010502
1.能体会课文是如何从不同方面围绕中心意思写的。
2.体会课文如何把心理活动写具体、写生动，体会这样写的好处。

【教学实施路线图】

借助精读课文体会材料与中心意思的关系—初步感悟具体表达方法—学习用不同事例表达中心意思的写法

活动过程	教师活动	学生活动	学习评价
一、整体梳理，提取事例 【设计意图】提供提纲让学生学习列提纲。这样安排、铺陈，合理有序。更重要的是，让学生逐渐养成写作文前列提纲的好习惯。	引导学生快速读课文，了解作者从哪些方面写"盼"。	梳理内容： 新得雨衣，盼变天。 下雨天，盼外出。 没法出门，盼雨停。 又下雨，穿上雨衣。 1.我能抓住"大事件"和"小事件"梳理课文。 "盼"的大事件 ☐ "盼"的小事件 ☐ 2.思考：课文如何围绕中心意思将重点部分写具体，写详细。	（落实课时目标1）能体会文章是如何围绕中心意思写，如何把心理活动写具体、写生动。
二、回顾全文，抓住中心 【设计意图】在交流中引导学生分类整理，步步发现作者表现中心的方法，体现阅读发现的快乐，习得具体表现中心的方法。	指导学生思考问题：每一次盼，都有着不同的情感，"我"在"盼"的心理下，有了不同的表现，这种表现是怎样的？思考作者哪些地方是详写的，请在阅读中找到，并思考这个地方为什么要这样详写？	学生讨论第3—20自然段的感受。从直接心理描写和借景抒情的间接心理描写体会"我"的复杂心情，体会重点，文章重点写了"终于下雨了，想尽办法穿雨衣，妈妈不允许"。	（落实课时目标2）能体会课文是如何把"盼"这一心理活动写具体、写生动的，能说出这样写的好处。
三、总结方法，反馈交流 【设计意图】交流中引导学生习得具体表达中心的方法。	引导学生思考文章哪些写作方法值得学习借鉴。	理解本课的写作方法。交流自己的阅读体会： 1. 围绕中心意思，把重点部分写具体。 2. 多角度描写手法，写作可以从多种感官体验来丰富描写。有了这样细致的描写文章才会更生动具体。 3. 通过心理描写感受"盼"的心情。	（落实课时目标1、2）能用学到的写作方法进行实践，能在练习中不断地提高写作水平。

第五课时

【课时内容】

聚焦文本，梳理写法

【课型】

生长课

【课时目标】

围绕"运用从不同方面或选取不同事例的方法，表达文章中心意思，培养学生交流与表达的能力"这一大概念设定，结合本单元目标设计以下课时目标：

单元目标
T6010503

1. 了解"围绕中心意思，从不同方面或者选取不同事例写文章"的好处和具体做法。

2. 学习围绕中心意思选择合适的材料。

【教学实施路线图】

总结方法—精选材料—明确"围绕中心意思写"的意义

活动过程	教师活动	学生活动	学习评价
一、交流平台，总结方法 【设计意图】通过复习回顾总结本单元通过不同事例表达中心意思的写作方法，帮助学生习得方法，为接下来的学习奠定基础。	组织学习活动：分组梳理《夏天的成长》《盼》围绕中心意思选择哪些材料。	1. 进行组内交流：文章哪些事例写得很具体，给你留下深刻印象，做上标记。 2. 借助表格总结梳理写作方法。	（落实课时目标1） 能结合文章实例，明确围绕中心意思写作的方法。
二、初试身手，选择材料 【设计意图】引导学生进一步明确构思的价值。	1. 指导选材：引导学生说说选了哪些材料，选择的理由是什么？说说你们明白了什么？ 2. 引导学生明白：在习作中，选择的材料都要为中心服务。	1. 尝试交流，发表自己的看法。 2. 完成"初试身手"任务一。	（落实课时目标2） 能围绕中心意思，从不同方面选择合适的材料，提高选材能力。

续表

活动过程	教师活动	学生活动	学习评价
三、抓住中心，拟写提纲 【设计意图】学生自主拟写提纲，从辨析选择到自主拟写，逐步提高要求，达成本课教学目标，培养学生的构思能力。	1. 组织学习活动：将几个主题以图画的形式展现出来，引导学生想象主题画面。	完成"初试身手"任务二。联系自己的生活体验或者已有的习作经验，选择其中1－2个自己感兴趣的主题想一想可以选择哪些事例或从哪些方面写？可以提取关键词完成思维导图。	（落实课时目标2）能用学到的写作方法进行实践，能在练习中不断地提高写作水平。
四、学以致用，对照修改 【设计意图】旨在进一步训练学生围绕中心意思进行选材，提高选材能力。以此让学生懂得写作是为了自我表达和与人交流。为学生完成本单元习作提供一个学习的"支架"，为学生能顺利完成本单元语文要素做好过渡并打下扎实的基础。	1. 引导学生进行写法总结：选取的所有材料都要为中心服务，从不同方面选取材料，还要考虑材料的典型性。	1. 交流反馈学习感悟。 2. 结合交流平台的梳理和初试身手的练习，对照自己的提纲，看看存在哪些困惑，又有哪些启发。	（落实课时目标1、2）能根据习作方法初步尝试修改自己的习作。

第六课时

【课时内容】

巩固实践，深度感知

【课型】

拓展课

【课时目标】

围绕"运用从不同方面或选取不同事例的方法,表达文章中心意思,培养学生交流与表达的能力"这一大概念设定,结合本单元目标设计以下课时目标:

单元目标 T6010504
- 自主阅读"习作例文",借助旁批了解作者是如何围绕中心意思写的。
- 能巩固所学的写作方法,并运用到自己的习作中。

【教学实施路线图】

阅读例文—学习构思详略—修改习作提纲

活动过程	教师活动	学生活动	学习评价
一、片段引领,示范总结 【设计意图】自读要求,分别从阅读和写作的角度设计。首先通过默读,整体把握全文,了解中心意思;其次,引导学生对照旁批(三处旁批,提示了写作思路),根据提示,体会作者是怎样围绕中心意思写的。	1. 引导学生阅读《爸爸的计划》,让学生明白,作者把爸爸给"我"订暑假计划的事例写得具体。 2. 对例文旁侧的提示语进行解释说明,并请学生关注课后习题,引导学生从结构和内容两方面,做好批注,随时记录自己的想法。	1. 阅读、交流习作例文《爸爸的计划》,说说作者围绕爸爸爱订计划这个中心意思写了哪些事例,其中哪一个事例写得最具体。 2. 学生自由读"订暑假计划"段落,思考:作者为什么把这部分写得具体? 3. 学生汇报,并交流从中受到的启发。	(落实课时目标1) 能借助旁批了解作者是如何围绕中心意思写的。

续表

活动过程	教师活动	学生活动	学习评价
二、例文引路，学习写法 【设计意图】本环节首先归纳学习前文的阅读方法，然后要求学生用这样的方法自学第四部分，体现了由"扶"到"放"的过程。如此循序渐进，有利于培养学生自主阅读的能力。	指导学生借助例文，学习选材。	1. 学生自主阅读习作例文《小站》，留意旁批，思考文章的中心意思是什么。 2. 同桌交流：文章是从哪些方面来写小站的"小"的？ 3. 学生汇报，并交流从中受到的启发。	（落实课时目标1） 能围绕一个意思将重要的部分写具体、写详细。
三、总结方法，二次修改 【设计意图】启发和引导学生把本单元所学的写作方法运用到写作中去。	引导学生比较自己习作提纲与例文的选材，指导学生二次修改提纲。	对照所学方法再次修改习作提纲。	（落实课时目标2） 能将所学的写作方法内化，迁移运用，修改自己的习作提纲。

第七—八课时

【课时内容】

围绕中心意思写

【课型】

总结课

【课时目标】

围绕"运用从不同方面或选取不同事例的方法,表达文章中心意思,培养学生交流与表达的能力"这一大概念设定,结合本单元目标设定以下课时目标:

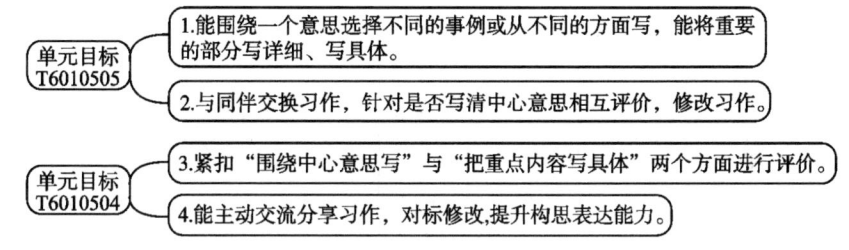

单元目标 T6010505
1.能围绕一个意思选择不同的事例或从不同的方面写,能将重要的部分写详细、写具体。
2.与同伴交换习作,针对是否写清中心意思相互评价,修改习作。

单元目标 T6010504
3.紧扣"围绕中心意思写"与"把重点内容写具体"两个方面进行评价。
4.能主动交流分享习作,对标修改,提升构思表达能力。

【教学实施路线图】

依据标准交流互评—完善修改习作—落实大概念

活动过程	教师活动	学生活动	学习评价
一、构思布局,动笔习作 【设计意图】有了教师写作方法的指导,以及学生搭建的习作构架,大大降低学生习作难度,学生通过构思,习作时得心应手。	出示习作要求,巡视辅导,指导学生完成初稿。	根据自己二次修改的习作提纲,开始习作。	(落实课时目标1) 能运用所学方法表达中心意思,进行写作交流。
二、出示标准,指导评价 【设计意图】循序渐进,让学生逐渐养成对标修改作文的好习惯。	出示习作评价表,组织学生对照标准进行评价。 | 审稿建议 | 一审(自评) | 二审(互评) | 三审(师评) | | --- | --- | --- | --- | | 中心意思是否明确 | ☆☆☆ | ☆☆☆ | ☆☆☆ | | 不同方向或事例是否围绕中心意思写 | ☆☆☆ | ☆☆☆ | ☆☆☆ |	学生对照此次习作评价表,先进行自我评量,并对照修改。	(落实课时目标2) 能根据要求对照评价、修改自己的习作。

续表

活动过程	教师活动	学生活动	学习评价
	审稿建议／一审（自评）／二审（互评）／三审（师评） 详略安排是否得当 ☆☆☆ ☆☆☆ ☆☆☆ 语句是否通顺 ☆☆☆ ☆☆☆ ☆☆☆ 终审 通过□ 待定□ 未通过□ 修改建议		
三、小组互评，引导互学 【设计意图】出示评价卡，给学生提供参考。合作评价学习成果，让学习更主动。	组织学生小组互评，根据同伴的建议修改自己的习作。	学生根据评价标准和评价卡组内互读，小组内交流自己的习作。对照评价表互相评星，并对照修改。	（落实课时目标2） 能与同伴交换习作，针对是否写清中心意思相互评改、修改习作。
四、学以致用，对照修改 【设计意图】范文引路，让学生学以致用。	全班共评，提出修改建议。	根据小组推选的习作，可以选择同一中心意思的几篇，从同一方面和不同方面对比评价。	（落实课时目标3） 能做到对比阅读、对比评价，领悟写法。
五、开展推荐会，展示交流 【设计意图】明白该如何进行习作评价，如何修改、完善自己的习作。	1. 指导学生再次完善自己的习作，誊写习作。 2. 组织小组推选佳作，并汇编成作品集。	1. 根据建议，完善自己的习作，定稿誊写。 2. 阅读优秀佳作，参与汇编。	（落实课时目标4） 能对标修改习作，提升构思表达能力。

统编版四年级上册第一单元 自然之美

一、单元整体教学设计（设计：游芳兰、卓小燕、黄兰娟）

本单元大概念	单元大概念：运用合适的阅读策略（图像化）激发想象能够促进对文本（表现自然之美的文本）的感悟理解，还能迁移与表达。 理由一：依据单元内容和学生学情实际； 理由二：切合本单元的语文要素"边读边想象画面，感受自然之美"； 理由三：根据新课标想象和表达对自然美景的感悟理解的提取。
学习内容分析	整个单元以"自然之美"为主题，带领我们充分感受自然之美，编排了精读课文《观潮》《走月亮》，略读课文《现代诗二首》《繁星》。这里的"自然"，有震撼人心的天下奇观，也有朴素静谧的月下生活，还有司空见惯的鸟儿、花牛和繁星……自然之美，有壮观之奇，又有平凡之美。通过本单元学习引领学生从不同的文体，多角度、全方位地感受不同样态的"自然之美"，在想象中发现美、感受美、表达美、创造美。
课标依据	小学语文统编教材四年级上册第一单元，我们通过研读2022版新课标可以发现，"想象"一词在三个学段均有描述，是课程标准中的核心词汇。其中，在第二学段的阅读板块中要求学生"诵读优秀诗文，注意在诵读过程中体验情感，展开想象，领悟内容"。由此可知，在阅读中展开想象，能帮助我们形成新的体验，更好地理解文本的情感和内容；在写作板块提到，要求学生"能不拘形式地写下自己的见闻、感受和想象"。可见，第二学段对想象的要求是"不拘形式"的。综上，我们可以明确"展开不拘形式的想象，有助于我们丰富体验"这一概念。 能借助不同媒介表达自己的见闻和感受，学习发现美、表现美和创造美，形成健康的审美情趣。（P7） 学习组织有趣味的语文实践活动，在活动中学习语文，学会合作。结合语文学习，观察大自然，观察社会，积极思考，运用书面或口头方式，并可尝试用表格、图像、音频等多种媒介，呈现自己的观察与探究所得。（P11）

续表

	文学阅读与创意表达，本学习任务群旨在引导学生在语文实践活动中，通过整体感知、联想想象，感受文学语言和形象的独特魅力，获得个性化的审美体验；了解文学作品的基本特点，欣赏和评价语言文字作品，提高审美品位；观察、感受自然与社会，表达自己独特的体验与思考，尝试创作文学作品。（P26） 阅读描绘大自然、表现人类美好情感的诗歌、散文等文学作品，结合自己的生活体验，尝试用文学语言表达自己热爱自然的情感。（P26）
学情分析	认知起点：想象对于学生而言，并不陌生。本单元相较于之前的学习内容，对学生想象能力的要求有所不同，指向阅读策略（图像化）。学生在三年级下册第一单元"试着一边读一边想象画面"中已具备初步的学习能力。 认知特点：升入四年级，通过本单元学习进一步发展其能力，单元语文要素之一"边读边想象画面"是一种常用的阅读方法，读懂文字是前提，在此基础上需要想象思维的参与。 认知难点：逐步落实第二学段引导学生走进想象世界，感受想象的神奇之处，尝试大胆想象，运用想象创造事物；延展到第三学段要求学生借助语言文字展开想象，体会自然之美。
单元目标	【T410101】在"感受自然之美绘制游览美景"单元主题学习中，自主认识本单元生字词，能从课文中找出优美生动的句子并抄写下来。 【T410102】借助"跟着课本去旅行"学习活动，有感情地朗读课文，整体把握本单元课文的主要内容，一边读一边想象画面，并说出印象深刻的画面。 【T410103】通过"我的私人足迹手册"单元作业，将文字中的丰富画面与自己的生活体验联系起来，习得"文转画"的阅读能力。 【T410104】生成"私人足迹"，分享"旅行推荐"，尝试带着读者意识，推荐自己最喜欢的一个地方，把推荐理由写清楚、写充分。

续表

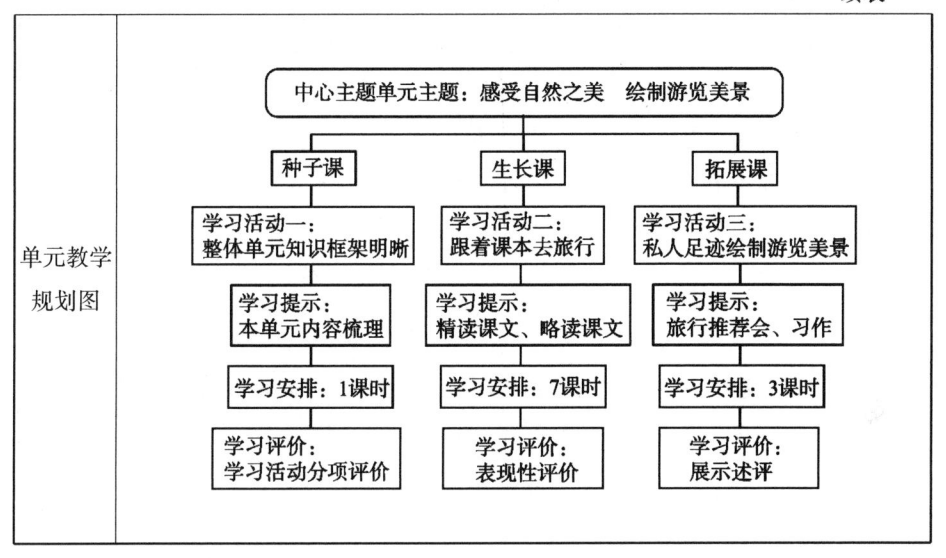

单元教学规划图	中心主题单元主题：感受自然之美　绘制游览美景
	种子课 学习活动一：整体单元知识框架明晰 学习提示：本单元内容梳理 学习安排：1课时 学习评价：学习活动分项评价
	生长课 学习活动二：跟着课本去旅行 学习提示：精读课文、略读课文 学习安排：7课时 学习评价：表现性评价
	拓展课 学习活动三：私人足迹绘制游览美景 学习提示：旅行推荐会、习作 学习安排：3课时 学习评价：展示述评

二、单元课时设计

第一课时

【课时内容】

活动一：整体单元知识框架明晰

【课型】

种子课

【课时目标】

单元目标 T410101、T410102
1. 整体感知单元内容
2. 自主认识本单元生字
3. 规划本单元的学习内容框架

【教学实施路线图】

回顾阅读策略—激发对单元文本"自然之美"的向往—自主识字—规划课程知识框架

活动过程	教师活动	学生活动	学习评价
一、创设情境，揭示单元主题 【设计意图】回顾阅读策略，感知想象的重要性。	回顾三年级的阅读策略。 单元导语页。	回忆三年级的阅读策略，重抓"边读边想象"。 本单元语文要素"边读边想象画面，感受自然之美"和习作要素。	（落实课时目标1） 感知阅读策略中想象的重要性。
二、通读单元，初步感知本单元课程内容 【设计意图】从单元导语和单元整体内容入手，构建整体框架。自学生字词，为走进文本做好准备。	1. 阅读单元导语"江流天地外，山色有无中"，激活学生想象思维。 2. 梳理本单元的课文，建立跟着课文去旅行的大框架。 3. 引导学生学习生字。	1. 学生理解单元导语"江流天地外，山色有无中"。 2. 整体阅读整个单元，了解单元内容，初步建立边读边想象画面的阅读策略。 3. 请同学们读课文，在读课文的过程中圈出生字。	（落实课时目标1、2） 1. 自主学习生字。 2. 重点字词的掌握。 3. 感受词语中的画面，能展开合理的想象。
三、尝试搭建单元知识框架 【设计意图】基于大概念，重构本单元的知识内容体系，整合资源，培养学生核心素养。	整合课文、口语交际、园地、习作，合理安排规划知识框架。	1. 将口语交际、园地部分内容、习作交流前置。 2. 画出思维图，小组内交流汇报，择出最优方案。	（落实课时目标1、2、3） 1. 重整知识框架的合理性。 2. 交流汇报中，选择最佳方案。

第二—八课时

【课时内容】
活动二：跟着课本去旅行

【课型】
生长课

【课时目标】

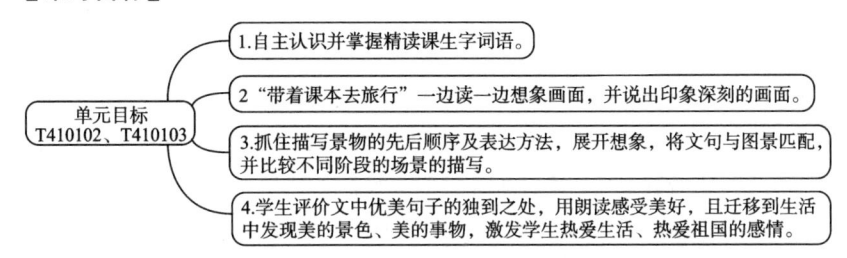

单元目标
T410102、T410103
1. 自主认识并掌握精读课生字词语。
2. "带着课本去旅行"一边读一边想象画面，并说出印象深刻的画面。
3. 抓住描写景物的先后顺序及表达方法，展开想象，将文句与图景匹配，并比较不同阶段的场景的描写。
4. 学生评价文中优美句子的独到之处，用朗读感受美好，且迁移到生活中发现美的景色、美的事物，激发学生热爱生活、热爱祖国的感情。

【教学实施路线图】
跟着课本去旅行—边读边想象画面—感悟各处景致写法—感受美好自然

活动过程	教师活动	学生活动	学习评价
一、分享自己的旅行经历 【设计意图】在交流中，感知自然之美，为后续跟着课本去旅行做好铺垫	回忆你的旅行经历。	交流你的旅行经历，讲述你在旅行过程中遇见的自然美景。	（落实课时目标2） 交流谈论，能积极感受自然美，做到自然表达美。
二、走进课文，探究新知，感受画面，练习巩固 【设计意图】跟着课本去旅行，	学习《观潮》 1. 将自己的疑问批注在旁边，再往后自读全文，看看哪些疑问有了答案。 2. 理清顺序，借助	1. 学生在读的过程中，圈画出能表现"天下奇观"的词句。提出自己的质疑问题，边梳理边思考：文章是按照什么顺序描写钱塘江大潮的？	（落实课时目标1、2） 1. 能借助学习单，理清课文描写钱塘江大潮的顺序。

续表

活动过程	教师活动	学生活动	学习评价
感知自然之美，感悟想象，生成画面，尝试练习，从而体悟写法。	《观潮》课文梳理表，梳理文本。 3. 细读品味，细读第三自然段，想象观潮人群的沸腾。 （1）聚焦沸腾。 （2）熟读成诵。 4. 细读第4自然段，想象大潮的汹涌。 观看视频，读出画面。播放钱塘江大潮的视频，将视频内容与课文内容建立对应联系。 5. 细读第5自然段，想象大潮去后的平静。 6. 体会作者对钱塘江大潮的惊叹与热爱。	2. 交流叙述顺序，明白全文是按照潮来前、潮来时、潮去后的时间顺序具体写钱塘江大潮的。 3. 讨论：人群怎样"沸腾"起来呢？如果你在大堤上，你会做些什么，你身边的朋友有什么举动？想象自己在大堤上的画面，反复朗读。 4. 理解"两丈"，读出画面。结合语文园地中交流平台的方法总结，想象自己站在这扑面而来的"两层楼高"的水墙前是什么样的感受，想象声音，并通过朗读，读出画面。 5. 尝试练习配合视频朗诵课文，小组展示分享。通过多种形式的朗读，做到熟读成诵。 6. 聚焦"过了好久"四个字，将对潮之壮观的想象与对观潮之人的想象联系起来。 7. 感受作者对大潮的赞叹热爱的情感。	2. 多种方式展开想象，让文字有画面感，感受大潮的雄伟壮观。 3. 能结合课文及古诗文相关内容，尝试着推介钱江潮。 4. 情感感悟：体会作者对钱塘江大潮的惊叹与热爱。 5. 能主动拓展、积累描写钱江潮的相关诗句，并能有创意地推介钱江潮。

146

续表

活动过程	教师活动	学生活动	学习评价
	学习《走月亮》 1. 对比"走月亮"与"月下散步",感受"走月亮"的诗意。 2. 自读课文,整体感知。化身为"我",和阿妈一起走月亮。边读边想象画面,在印象深刻或自己喜爱的内容旁边简单地写一写感受。 3. 交流分享:用一两个词概括课文带给自己的感受。 4. 重点品析第4自然段。通过改写比较品味用词的精妙。 5. 读写结合。读"我"回想起白天经历,体会作者"触景生情",展开联想,丰富"我"的回忆。 6. 合作朗读。	1. 回忆并交流自己和亲人一起"走月亮"的情景和心情。 2. 朗读第1－3自然段,想象月亮"从洱海边"升起来的画面,想象月光"照亮了"的景物,在脑海中切换不同的画面,感知画面的连续性、层次感。 3. 充分交流,反复朗读。引导学生抓关键词(流、抱等),想象画面中的景物、味道,体会景之美以及作者对这些充满诗情画意的美景的喜爱。 4. 体会情感。依据关键语句,感知作者情感。找到文中四个关键句,发现关键句之间略微的差异,感受"我"情感的变化。 5. 仿写练习。 细读第6自然段,梳理"我"的所见所闻所想,交流所见所闻与所想的联系。交流相似的月下经历,仿写练习。 6. 展示分享,评价修改。	(落实课时目标2、3、4) 1. 能自主学习,梳理课文描绘的画面,并转化成小诗朗诵展示。 2. 能调动五感,边读边想象画面,主动和同学分享印象深刻的画面,感受温馨的亲情。 3. 能链接生活,自主表达自己经历过的某个月下情景。读写结合的训练,达到将画面转文字的目的。

续表

活动过程	教师活动	学生活动	学习评价
	学习《现代诗二首》 1. 自由朗读诗歌，通过自读品味诗歌意蕴。 2. 细读品析。 (1)"驮""掉"妙在哪里？ (2)"头白"是什么意思，芦苇为什么"妆成红颜"？ 3. 仿写诗歌 江上、江边还会有什么景物？鸟儿双翅一翻，这些景物会装扮成什么样子？ 4. 对话《花牛歌》 合作朗读，发现特点。 5. 交流：读完诗歌，你看见了一头怎样的花牛？ 6. 体会作者情感。诗人这样深情地抒写花牛的自由自在，表达的正是自己的向往。 7. 诗歌续写。 8. 自主选择，美读美诵。	1. 圈画诗中的景物，在脑海中勾勒画面，大声朗读。 2. 与同桌分享自己想象到的画面。 3. 交流：你最喜欢的是哪些诗句所描绘的情景？你的心情是怎样的？ 4. 把自己想象到的画面，仿照诗歌第二节说一说。 5. 通过师生合作朗读（教师读每节第一句，学生读第二句；与同桌合作朗读；自主朗读），发现诗歌节奏和结构上的特点。 6. 抓住"压扁""霸占""甩得滴溜溜""偷渡"等词语，体会花牛的活泼可爱、自由自在。 7. 思考：诗人为什么要写这样一头花牛呢？发挥想象，尝试仿写一两节。 8. 反复朗读，熟读成诵。展示分享。个人或自由组合有情有趣地诵读自己喜欢的那首诗。	（落实课时目标2、3、4） 1. 有感情地朗读诗歌，感受独特的韵味。 2. 能紧抓想象，体会个别字词产生的精妙表达。 3. 能自主学习并用图文结合的方式描绘想象到的景物和画面。 4. 仿写练习，创意表达，体会诗歌的凝练与意境。

148

续表

活动过程	教师活动	学生活动	学习评价
	学习《繁星》 1. 反复朗读，整体感知诗中描绘的景物，想象画面。 2. 补充材料，体会感情。 3. 交流讨论。原文第一自然段的最后一句话："望着星天，我就会忘记一切，仿佛回到了母亲的怀里似的。" 4. 补充材料，即巴金写作此文的背景，第三次思考这个问题，交流看法。 5. 反复朗读，读出自己的理解。 6. 联系生活，描述景象。 7. 结合"语文园地"中词句段的运用板块，理解并在恰当情境中运用。	1. 自读课文，圈画描写繁星的语句，在脑海中勾画出这些景物构成的画面。 2. 班级分享印象深刻的句子，说说自己想象到的画面和初步体会到的情感。 3. 同学合作朗读，初步读出情感。学生找出三个自然段中分别表示时间的词语，思考：作者为什么要写这三个不同时间观看到的繁星景象呢？ 4. 补充原文第一自然段的最后一句话，让学生再次思考这个问题，交流看法。通过交流讨论，使学生明白，三个不同时间、不同地点观看繁星不是孤立的，其中有一条相互联系的感情线索。 5. 学生深入理解作者借助繁星抒发的情感后，再练习有感情地朗读课文，读出作者对繁星的热爱和在海上时对亲人的思念。	（落实课时目标2、3、4） 1. 有感情朗读，感知想象诗歌中的景致。 2. 分享交流感触深的句子，尝试体会作者内心深处的情感。 3. 学会自己补充材料，打开作者和文本背后的认识。 4. 关联生活，拓展延伸，同时联系园地中的积累运用，为表达做好积累的准备。

续表

活动过程	教师活动	学生活动	学习评价
		6. 结合园地内容，运用词句段运用中的词语，进行语言表达练习。运用表示时间转换的词语，联系画面感、时间感，共同为学生的想象创造时空感，为习作提供素材。	
三、交流感受，拓展延伸 【设计意图】想象美景，感知自然之美，交流感受，并拓展课外内容，丰富见闻。	拓展延伸： 1. 结合资料袋，了解钱塘江大潮形成的原因。 2. 读古诗《浪淘沙》，从课文中找出与古诗内容相关的句子。还可以搜集拓展更多的古诗文，对照朗读。 3. 引导学生联系生活经验，描述自己所看到的繁星，并表达感受。 4. 结合口语交际《我们与环境》，结合课文初步讨论我们身边的美景。	1. 通过资料了解钱塘江大潮形成的原因。 2. 联系自己的生活经历，说一说自己在什么样的夜晚见过繁星或者零落的星星，描述自己观看到的景象，说出自己当时的感受。描述景象、表达感受时，可以借鉴课文的词句。 3. 交流讨论自己身边的美景，并分享感受。	（落实课时目标2、3、4） 1. 能了解钱塘江大潮的形成原因，并积累更多的古诗文。 2. 能联系生活，想象繁星画面，积极参与话题交流，表达清楚自己的看法。

第九—十一课时

【课时内容】

私人足迹　绘制游览美景

【课型】

拓展课

【课时目标】

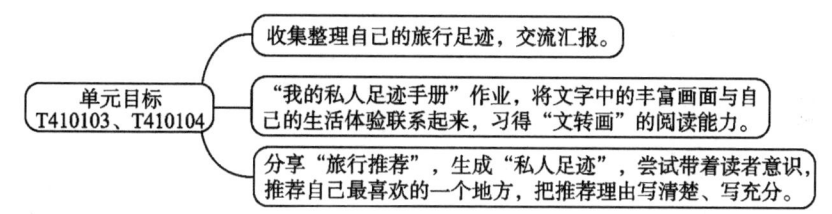

单元目标
T410103、T410104
- 收集整理自己的旅行足迹，交流汇报。
- "我的私人足迹手册"作业，将文字中的丰富画面与自己的生活体验联系起来，习得"文转画"的阅读能力。
- 分享"旅行推荐"，生成"私人足迹"，尝试带着读者意识，推荐自己最喜欢的一个地方，把推荐由写清楚、写充分。

【教学实施路线图】

汇总编制自己的私人足迹手册—召开旅游推荐会，主推一处胜地—点出该地最美的景致—运用多种感官参与呈现美—创造性表达美—相互修改评议收获美、展示美

活动过程	教师活动	学生活动	学习评价
一、整理自己的旅行足迹 【设计意图】从真实的生活体验，交流分享自己的旅行经历。	回忆游览过的名胜古迹和名山秀水，整理专属的私人旅行足迹纪念册。	1. 学生回忆旅行中的自然美景，结合单元课文，思考如何介绍自己游览或见过的自然景观，并举手汇报分享。 2. 出炉专属的私人旅行手册。	（落实课时目标1、2） 1. 乐于交流分享自己的游玩经历。 2. 能生动准确地描绘旅行中的自然美景，积极感受美、表达美。

续表

活动过程	教师活动	学生活动	学习评价
二、召开旅游路线推荐会 【设计意图】推荐交流，抓住兴趣点，激发学生的表达。	1. 链接经历，分享推荐。 每个人都有自己喜欢的地方，鼓励大家推荐一个好地方。 2. 借助支架，完成初步表达，与同学们进行分享。	1. 与同学们交流讨论自己游览过的自然风光，讲述自己的游览感受。 2. 从中选出自己心目中最值得一去的好地方，表达自然美：我推荐最值得去的好地方是_____。	(落实课时目标1、2、3) 1. 能够感知自然美，积极交流表达，分享自己的见闻。 2. 能运用语言准确生动地描绘这个好地方，讲出自己的感受。
三、追踪文本，学习写法 【设计意图】从文本中去感悟作者对景致的多感官参与描写，运用五感法将画面呈现，在想象中感悟自然之美，在交流中提升自我表达和口语交际的能力。	1. 回顾本单元课文中的写景小锦囊，掌握写作方法。 2. 写法的引导和渗透，借助支架迁移应用，实现"画转文"。 3. 小组讨论交流补充，出示语文园地中的词语： (1) 自由读词语，理解词语含义。 ①请按照速度由慢到快的顺序排列词语，说出想法。 冲过去　跑过来　奔过来　走过来 ②读一读，用上加点的词语造句，说一说。	1. 四人为一小组交流回顾本单元如何写想象画面。 2. 归纳总结呈现美、表达美的方法。通过支架：看到（景物）、听到（声音）、闻到（味道）、想到（画面），最终指向想象画面，做到文转画，画转文之间的切换。 3. 交流讨论完成园地任务： (1) 自由读一读，理解词语含义。 (2) 想一想，这些词语让你想到了什么画面？	(落实课时目标1、2、3) 1. 词语朗读流利、准确，能够正确说出其意思。 2. 能够自读词语，理解词语的含义，并展开想象。 3. 能仿照课文句子，生动展示日常生活小事。 4. 运用多种感官，生动地展示出想象的画面。

续表

活动过程	教师活动	学生活动	学习评价
	你的日常生活。 （2）展开想象，描绘画面，小组内交流，选小组代表发言。	4. 学生小组交流出示的句子，根据词语的意思写出画面，在小组内汇报并互相评议，选出小组代表分享画面。（从多方面、多感官展开想象）	
四、尝试练习，写法指导 【设计意图】抓住本单元训练重点，如何将美具体表达，关注写法的迁移。从学生的生活实际出发，唤起学生已有经验，激发记录兴趣，进行创意表达，发展思维力和表达力。	1. 怎样把你喜欢的好地方介绍给大家呢？ 2. 确定习作主题：推荐一处自己喜欢的地方，要写出这个地方怎么吸引人，使别人读了也对这个地方感兴趣。写同一个地方的同学，可以交流，相互取长补短。 3. 明确本次习作的要求。聚焦文本，关注写法的迁移运用。a. 写作范围：自己喜欢的一个地方。b. 描写这个地方与众不同之处。 4. 确定自己要写的内容。a. 你打算推荐什么地方？b. 这个地方在哪里？c. 有什么特别之处？	1. 学生读本单元习作要求，关注有顺序、有条理介绍景点，让人感到你喜欢的地方很美，也让大家和你一样喜欢那个地方。 2. 小组交流确定习作主题，特别推荐一处自己喜欢的地方。口头交流，确定自己喜欢的一个"好地方"，然后让学生填写推荐卡。 名称：_____ 位置：_____ 推荐理由：_____ _____ 3. 勾画本次习作的要求，明确本次习作的要求、内容。	（落实课时目标1、2、3） 1. 明确习作目标、内容，从而找准习作方向。 2. 能把旅行中看到的、听到的、想到的清楚地表达出来，融入个人情感。

153

续表

活动过程	教师活动	学生活动	学习评价
【设计意图】通过读学习示例和回顾课文，让学生对习作的写作方法更加明确。授之以鱼，不如授之以渔。教给学生写作的方法，更好地培养他们的写作能力。	1. 教师指导学生列提纲。 2. 教师指导学生写作：妙招一，联想画面法；妙招二，调动五官法；妙招三，题目设悬念。 3. 教师对学生写作方法上的指导。开头：介绍自己要推荐的地点、环境情况以及大致特征。（总写） 中间：（分写）第一种：可以按照游览或观赏的顺序来描写。第二种：可以选几处（两三处）具有代表性的景物来描写。第三种：可以按照方位变化来描写。第四种：展开合理想象。 结尾：写自己的内心感受。（总写）	1. 师生讨论并归纳： (1) 可先写景物的总特点。介绍自己要推荐的地点、环境情况以及大致特征。（总写） (2) 然后按照观察的顺序来详细写，注意语句要通顺、优美。（分写） (3) 选择有代表性的景物，要细致描写。 (4) 结尾，可写一写自己对景物的感受。（总写） 2. 学生汇报，小组讨论后回答，刚学过的课文，是按照一定的观察顺序来写的。a.《观潮》就是写景的文章。在文中作者是按照潮来前、潮来时、潮来后的顺序来写的。作者观察仔细，语言生动，把钱塘江大潮写得壮观神奇，让人如同身临其境。b. 我们在写作文的时候也可以学习《观潮》的写作顺序。	（落实课时目标1、2、3） 1. 能够按照一定的顺序介绍自己推荐的地方。 2. 能够向同学推荐好地方，以"推荐官"的身份来表达所推荐的地方特别之处。 3. 介绍顺序清楚，书写端正整洁，语句表达优美。

续表

活动过程	教师活动	学生活动	学习评价
五、分享展览，顺学而导 【设计意图】学生交流分享自己的作文，互相借鉴学习，提高学生的写作能力。	1. 谁愿意第一个上来，交流分享你的作文？ 评价：哪些地方写得好？你最欣赏哪里？你还想送给他/她什么建议？ 2. 欣赏例文：《最美绥溪》。	1. 学生交流分享自己的作文。 【合作流程与要求】 任务分配： 任务一： A：（开场）大家好，现在由我们××小组展示。 B：提醒朗读带感情。 C：应该读出前后情感变化。 D：读。 任务二： D：朗读，B、C：补充，A：我们的交流完毕，谢谢大家的聆听！ 组内交流—按分配的任务顺序进行，2分钟 集体展示—按分配的任务顺序进行。小组1展示—小组2、3…… 2. 学生根据自己的生活经验尝试提出学习小组中成员的习作修改意见。 a. 优点。 b. 不足之处。 3. 班级展览。	（落实课时目标1、2、3） 1. 能交流分享自己的习作，并作简单的评议。 2. 语言自然流畅，能够将推荐理由表达清楚、具体。

续表

活动过程	教师活动	学生活动	学习评价
六、交流修改，推选介绍 【设计意图】好文章是改出来的，让学生在修改中提升自己的写作水平，优化自己的私人足迹手册。	1. 动笔修改习作，比一比谁能把这个地方的景物特点按一定的顺序写清楚，写具体。 2. 再次展示习作，师生共同修改，推选出最美作品。	1. 学生动笔修改自己的习作，按一定的顺序展开描写，从看到、听到、闻到、想到的方面对自然美进行描绘，优化语言表达。 2. 学生展示修改后的习作，根据单元内容，师生再次修改习作。 3. 在班级中评价推选出"最美私人足迹手册"。	（落实课时目标1、2、3） 1. 能够尝试修改自己的习作，并对小组成员的习作提出修改意见。 2. 推荐理由清楚、充分，能吸引大家的游览兴趣。

第三节　以大概念为本的英语大单元教学设计

闽教版四年级上册 Unit 6　Meals

一、单元整体设计（设计：陈晓军、许金香）

本单元大概念	大概念：Healthy eating and healthy lifestyle.（树立健康饮食的生活理念） 理由一："能正确谈论一日三餐的饮食习惯"是学生形成的新的语言知识；"学会表达个人喜好，学会礼貌待人"是学生形成的态度与价值观； 理由二："养成良好的饮食习惯"则是学生的行为选择，最终形成伴随学生成长的"养成良好的饮食习惯"大概念。
内容分析	本单元内容围绕 Sally 一家的"Meals"这一主题展开，该主题属于"人与自我"涉及"饮食与健康"。包含两个语篇，均为对话。 语篇一是通过 Sally 一家人吃早餐的对话来谈论早餐吃什么的话题，教授重点句型：What's for breakfast? 并渗透健康饮食的观念。学习内容贴近学生的生活，同时也体现了中西方早餐的差异，拓展了学生的视野，增加了学习的兴趣。 语篇二是 Yang Ming 到 Sally 家吃晚餐，Sally 询问妈妈今天的晚餐吃什么以及如何热情待客，该语篇引导孩子懂礼貌，养成良好的餐桌礼仪。 基于以上两个语篇内容，通过知识的建构获取对 meals 的深层认识，懂得食物对人体健康的重要性，养成按时用餐，不挑食的好习惯，培养健康饮食的生活习惯，养成得体的餐桌礼仪。本单元的两个语篇从不同场景体现健康饮食的重要性，单元内各语篇与单元主题之间，以及各语篇之间相互关联，构成两个子主题，即"认识健康饮食对身体的重要性"和"懂礼貌，养成良好的餐桌礼仪"。各部分围绕单元主题展开，各语篇之间既相对独立，又相互关联。学习活动按照学习理解、应用实践和迁移创新三个层次逐步展开，循序渐进、螺旋上升。学生将零散的知识内容有意义地联系起来，构建基于主题的结构化知识，发展语言运用能力，养成正确的生活方式和行为习惯。

续表

课标依据	《义务教育英语课程标准》对本单元内容要求、教学提示、学业质量标准如下： 1. 内容要求 本单元主题属于"人与自我"主题范畴，主题群为做人与做事，子主题隶属于饮食与健康。（P14） 2. 教学提示 （1）设计多途径的听说活动，借助图片、视频、简笔画、手势等帮助学生理解所听、所看语言材料，引导学生在感知、理解、模仿和运用中习得语言，学会表达。（P35） （2）围绕语篇主题意义设计逻辑关联的语言实践活动。（P36） 3. 学业质量标准 （1）能用简单的语言介绍自己的基本情况和熟悉的事物（如个人喜好、学校生活等）。 （2）愿意参与课堂活动，与同伴一起通过模仿、表演等方式学习英语。（P43）
学情分析	认知起点：在三年级下册 Unit 3 Food 单元中，学生已经掌握了一些食物类单词，如：apple, banana, fish 等，以及简单表达喜好的句型：I like... I don't like... 等这些语言积累。也学习了 Sure/Here you are．/Thank you．相关礼貌用语。从语言能力来说，这个年级的学生经过三年级一年的英语学习，具有初步看图猜测语言的能力；能与同学进行合作学习、交流，为本节课的开展奠定了良好的语言基础。从生活经验来说，孩子对食物这一话题比较熟悉，教学内容与学生的生活息息相关，容易激发学生的学习兴趣。 认知特点：学生经过三年级一年的英语学习，已经掌握基本的词汇，具备一定口语表达能力，能够在课堂中用简单的句子进行英文交流谈话。 认知难点：学生对食物话题比较熟悉，但是对一日三餐健康饮食概念模糊，许多学生缺乏一个饮食营养均衡的好习惯。

	续表
单元目标	基于大概念的单元目标的制定要体现语言能力、文化意识、思维品质和学习能力的融合发展，能反映学生学习后形成的新的认知、态度、价值判断和行为选择。因此，在学习本单元后，学生能够： 　　【M410601】学习与食物相关的单词、句型，并正确谈论一日三餐和个人喜好，发展语言能力以及学习能力。 　　【M410602】能够认真观察图片，并能通过图片、问题链等判断食物健康与否，发展思维品质。 　　【M410603】能在语境中使用基本的礼貌用语来招呼客人，涵养品格，提升文明素养。
单元教学规划图	单元主题：Unit 6 Meals 主题语境：人与自我涉及"饮食与健康" 认识健康饮食对身体的重要性 Part A： 1.重点词汇：milk, bread, tomato, them 2.句型：What's for breakfast? 3.正确谈论一日三餐的饮食习惯。 懂礼貌，养成良好的餐桌礼仪 Part B： 1.重点词汇：beef, potato 2.句型：Do you like...?和Have some..., please. 3.招呼客人，学会表达个人喜好，学会礼貌待人。 合理膳食，培养正确的生活方式和行为习惯 Part C： 1.学会创编歌曲。 2.通过绘本让学生学会更多关于健康饮食和文明用餐礼仪，使其在课堂上有更好的提升。 懂得食物对人体健康的重要性，培养健康饮食的生活习惯。(Healthy eating and healthy lifestyle.)

二、单元课时设计

第一课时

【课时内容】

Unit 6 Meals Part A

【课型】

种子课

【课时目标】

单元目标 M410601
- 1.在看、听、说活动中,获取、梳理Sally一家人谈论早餐以及孩子们喜爱的食物。(学习理解)
- 2.能就早餐的话题展开对话(在教师的帮助下,分角色表演对话)。(应用实践)
- 3.为自己制作健康的早餐单,并向全班汇报交流成果。(迁移创新)

【教学实施路线图】

歌曲导入→观看视频,回答问题:Sally一家分别吃什么当早餐→分角色表演对话→为自己制作健康的早餐单,并向全班汇报交流成果

活动过程	教师活动	学生活动	学习评价
一、创设情境,揭示课题 【设计意图】通过一首英文歌曲创设英语语言情境,引出一日三餐,调动了学生的学习积极性和学习热情,活跃了课堂气氛。在生活情境中导入本课的主题,使学生很好地理解和掌握了主题 meals 的真实含义,为接下来的课堂教学做好铺垫。	1. Greetings. 2. Enjoy a song: What's for Dinner? 由 have breakfast, have lunch, have dinner 引出 meals。在歌曲的帮助下,初步感受本课话题。 3.(1)复习有关食物的单词。 教师通过课件出示各种食物的图片,请学生用英语快速说出食物的名称。 (2)游戏:猜一猜。 游戏规则:课件中出示单词的一部分字母,请学生猜一猜是什么食物,并拼出这个单词。	1. 学生齐唱歌曲。 2. 学生看课件完成任务: (1)用英语快速说出食物的名称。 (2)通过玩游戏等活动复习有关食物类单词。同时根据视频理解 meals 一词的意思。	教师观察学生能否积极投入到歌曲演唱中并能说出歌曲中食物的单词,对表现良好者给予口头表扬。 教师观察学生能否参与互动和交流,主动分享个人对该主题已有的知识、经验,并根据需要调整提问方式,进行追问或给予鼓励。

160

续表

活动过程	教师活动	学生活动	学习评价
二、动手实践，探究新知 【设计意图】通过观看对话视频，从大意到细节逐步理解对话内容，学习核心词汇和语言，学生通过跟读和分角色朗读对话，进一步理解对话内容，内化语言，为语言输出奠定基础。	1. 教师通过出示早餐图介绍自己的早餐，然后询问学生："What's for your breakfast?"请学生根据实际生活来回答问题，初步感知句型。 2. 教师出示 Sally 的图片，提出问题："What's for Sally's breakfast?"并板书句子："What's for breakfast?"全班齐读句子，接着请学生带着问题观看课文视频，验证预测，理解对话大意，根据图片，引出单词 milk、bread 和 tomato 的教学。 3. 学生再次观看课文动画，理解对话细节，学习课文中 Sally 与 Fido 的对话内容。 4. 学生听录音跟读、分角色朗读对话，关注语音、语调、节奏、连读、重读等。	1. 学生根据教师所提出的问题按实际来回答。 2. 学生根据教师所提出的问题，认真观看课文视频，通过视听、回答问题，理解对话大意并学习新单词。 3. 学生再次观看课文动画，理解对话细节，学习课文中 Sally 与 Fido 的对话内容。 4. 学生跟读录音，关注语音、语调、节奏连读、重读等。	（落实课时目标1） 教师观察学生对所梳理内容的理解情况，及时追问、反馈。 教师观察学生拼读词汇的情况，及时纠正错误发音，并通过示范提供帮助和指导。 教师根据不同能力水平的学生回答及朗读对话的情况，给予指导或鼓励。

续表

活动过程	教师活动	学生活动	学习评价
三、尝试练习，巩固新知 【设计意图】本阶段学习活动引导学生在归纳和整理核心语言的基础上，通过角色扮演使每位学生都能深入角色，运用语言理解意思。 程度较好的学生还可以尝试使用连续话语复述课文内容，促进语言内化，从学习理解过渡到应用实践，为后面的真实表达做准备。	1. 学生在教师指导下，梳理、归纳对话的核心语言，并根据教师的板书，进行角色替换，开展同伴问答活动。 参考语言： —What's for breakfast? —Milk、bread and tomato. 2. 基于对话内容，学生进行角色扮演。 3. 引导学生组内互评。	1. 借助板书呈现的语言支架完成角色替换，介绍对话内容。 2. 学生根据对话内容与同伴合作，扮演对话。 3. 在老师的指导下，用评价单进行自评和他评。	（落实课时目标2） 教师观察学生在语境中运用核心语言进行问答和交流的情况，根据学生的表现给予指导和反馈。 教师观察学生能否借助板书呈现的语言支架完成角色扮演，介绍对话内容，根据学生的表现给予必要的提示和指导。

续表

活动过程	教师活动	学生活动	学习评价
四、全课总结，拓展延伸 【设计意图】本阶段学习活动旨在帮助学生在迁移的语境中，创造性地运用所学的语言，以小组活动的形式，自己动手制订早餐，该活动将课堂气氛推向了高潮，学生在轻松愉快的气氛里结合生活中的元素，在合作与实践活动中发展语言与思维能力，寓教于乐。学生通过观察中西方早餐的照片，了解中西方早餐文化的差异，增强对不同文化的理解力，为跨文化交际做好准备。	综合活动：制订健康的早餐。 (1) 教师出示早餐制订单，并从一个信封中拿出食物图片的小贴纸，如蛋和蛋糕，贴在图中的桌子上，边贴边说："Eggs and cakes"，然后在桌子旁的横线上写出该句子。 What's for breakfast? (2) 教师请学生四人一组，拿出课前分发在桌上的信封，开展制订早餐的活动。 (3) 教师请几个小组的学生代表上台，展示他们的早餐制订单，并说一说他们的早餐有哪些食物。 (4) 课件出示中西方早餐的图片，了解中西方早餐文化的差异。 (5) 情感教育：强调早餐的重要性及其对身体的益处。 (6) 老师带领学生用评价单进行自评和他评。	1. 学生根据老师分发的早餐制作单，通过小组合作完成早餐制订并分享。 2. 学生根据教师出示的图片观察后说一说中西方早餐文化的差异。 3. 在老师的指导下，用评价单进行自评和他评。	(落实课时目标3) 教师观察学生在小组内运用所学知识，如何为自己制订健康的早餐，给予鼓励或帮助。 教师观察学生向全班轮流介绍自己健康早餐的情况，评价教与学的成效。 通过多样化的评价，以评促学，以评促教。

第二课时

【课时内容】

Unit 6 Meals Part B

【课型】

生长课

【课时目标】

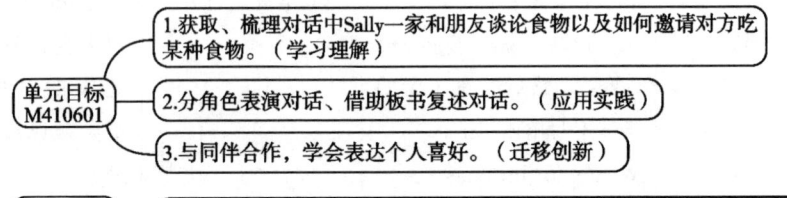

单元目标 M410601
- 1.获取、梳理对话中Sally一家和朋友谈论食物以及如何邀请对方吃某种食物。（学习理解）
- 2.分角色表演对话、借助板书复述对话。（应用实践）
- 3.与同伴合作，学会表达个人喜好。（迁移创新）

单元目标 M410603
- 4.能在语境中使用基本的礼貌用语来招呼客人，涵养品格，提升文明素养。

【教学实施路线图】

师生 rap→谈论食物以及如何邀请对方吃某种食物→有感情地表演课文对话→学生选择不同的场景补全对话并汇报成果

活动过程	教师活动	学生活动	学习评价
一、创设情境，揭示课题【设计意图】在单元主题意义下的整体教学中，复习上一课的内容，激活旧知，引入新知，建立新旧知识间的联系，潜移默化地树立合理膳食的意识。	1. Greetings 2. Let's rap. 教师通过 rap 节奏和学生进行一段 What's for breakfast? 问答说唱，复习上节课所学内容，并引出本节课主题 Meals，最后板书课题。	学生跟着老师一起说唱，在欢乐的氛围中快速进入英语学习的状态。	教师要观察学生是否能够积极参与课堂活动，及时唤起学生对旧知的认知，并给予口头表扬。

续表

活动过程	教师活动	学生活动	学习评价
二、动手实践，探究新知 【设计意图】本阶段学习活动旨在帮助学生在语境中理解对话内容，学习核心词汇和语言。	1. 播放录音，学生跟着录音，有节奏地学说韵律诗，接着教师出示单词图片和卡片，教学韵律诗中的两个单词 potato 和 vegetable。 2. 教师出示 potatoes 和 vegetables 的图片，教学 potatoes，vegetables 和 some potatoes，some vegetables。 3. 教师出示 potato 和 tomato 的单词卡片，让学生区分这两个单词的音和形，再出示它们的复数形式，复习以 o 结尾的名词加 es 的复数变化规律。 4. 播放歌曲：What's for Dinner? 全班学生跟着录音唱一遍，并从中引出单词 dinner 和 beef 的教学。操练 beef 和 some beef。 5. 教师出示所有学过的食物类单词，如：bread，rice，tomato，milk 等进行操练。	1. 学生跟着教师有节奏地说韵律诗。 2. 认读和学习新单词：potatoes 和 vegetables。 3. 练习单词发音，学习复数形式，复习以 o 结尾的名词加 es 的复数变化规律。 4. 学生跟录音唱歌曲 What's for Dinner? 并学习单词 dinner 和 beef 的发音，理解含义。 5. 学生根据教师出示的食物类单词复习巩固。	教师观察学生能否参与说韵律诗，并关注到新单词，对新单词能做到基本理解，并认真学习发音。 观察学生是否能理解复数的概念，并正确发音，知道这些单词的复数形式和变化规律，是否能积极地参与互动，主动探索并理解新单词。

续表

活动过程	教师活动	学生活动	学习评价
	6. 游戏：看看谁的反应快。 游戏规则：教师出示单词卡片，学生快速说出相应的词组。如：教师一边出示单词卡片potato，一边说"a"，学生快速说出"a potato"；教师说"some"，学生则要快速说出"some potatoes"。	6. 学生在教师带领下，根据卡片快速地说出单词名称。	观察学生是否能在游戏中迅速反应，正确发音，并快速说出答案。
	7. 教师说："Today, Yang Ming is at Sally's home. They have dinner together. What do they have?" 教师播放课文录音。学生边听录音边在表示晚餐的食物单词下画线。之后教师出示句子"Any green vegetables?"进行教学。	7. 翻开课本，边听录音边勾画出表示晚餐的单词。学习理解句型 Any green vegetables?	观察学生是否能理解句型的含义，是否能正确地跟读和发音，是否能在正确理解剧情含义的基础上大胆尝试运用。
	8. 教师与学生自由谈话，操练句型"Do you like...?"并板书该句子，让学生根据实际用"Yes, I do."或"No, I don't."来回答。	8. 学习句型"Do you like...?"根据实际用"Yes, I do."或"No, I don't."来回答。	观察学生能否利用圈画等方式标出本课的新词、句型或者不理解的地方，教师给予指导和表扬。

续表

活动过程	教师活动	学生活动	学习评价
	9. 请学生看书，自读课文内容，引导学生根据图意猜测出"Have some beef，please."和"Have some potatoes，please."的意思。 教学该句型及其答句："Thank you."和"No，thank you."。	9. 自读课文，思考理解句型"Have some beef，please."和"Have some potatoes，please."的意思。	（落实课时目标1） 观察学生在自读课文时，是否能理解课文大意，并根据课文大意和创设的场景，猜测短语的意思，能在情境中饶有兴趣地学习句型。
	10. 情感教育：教育学生热情待人，乐于分享，并养成健康饮食的好习惯。	10. 学习句型"Thank you."和"No，thank you."。	教师观察学生与他人合作、参与到课堂活动中的情况，给予鼓励和帮助。
三、尝试练习，巩固新知 【设计意图】在学会单词和句型的基础上学习课文，能帮助学生顺其自然理解课文内容，激发学生的兴趣进行表演对话，进一步帮助学生迅速掌握本节课的重点，实现从学习理解过渡到应用实践	1. 教师播放课文录音一至二遍，学生模仿跟读。跟读时注意语音、语调的模仿。 2. 分角色表演对话。 3. 巩固练习。 4. 组内互评。	1. 学生一边看课文内容，一边听课文录音，逐渐理解课文语义并跟着录音模仿说句子。 2. 分角色表演课文内容。 3. 完成课堂练习。 4. 在教师的指导下，用评价单进行自评和他评。	（落实课时目标2） 观察学生是否能流畅地运用新学的单词和句型分角色表演对话。其间注意学生的发音，语音、语调和准确度、清晰度。 教师观察学生在表演中运用对话语言的情况，进行实时指导。 观察"生生互评"的情况并给予正确的引导和鼓励。

续表

活动过程	教师活动	学生活动	学习评价
的过程，为后面再迁移创新活动中的真实表达做准备。			
四、全课总结，拓展延伸 【设计意图】从学生生活实际出发，结合旧知，设计有趣的小组活动"欢迎来做客"，让学生在此过程中，将本节课的所有重点内容进行再次的巩固和运用，加深学生的理解和掌握。	1. 小组活动：欢迎来做客。 教师出示"家""学校""生日聚会"等场景，引导学生对话，如： Home： A：Welcome to my home. Do you like…? B：…. … School： A：Welcome to my school. This is my…. Do you like my…? B：…. … Birthday Party： A：Welcome to my birthday party. B：Thank you. Here is a present for you. Do you like my present? A：… 2. Show their performances.	1. 学生根据不同的场景进行对话补全句子并汇报。 2. 运用正确的句型进行对话，并正确发音。	（落实课时目标3、4） 教师观察学生能否根据所学的内容，积极思考完成任务，及时给予指导和鼓励。 观察学生对话表演的积极性，从对话中能看出学生对句型和单词的理解程度，并提醒学生准确发音时注意语音和语调。

168

续表

活动过程	教师活动	学生活动	学习评价
	2. 复习字母组合 ea 在单词中发[iː]的音。 （1）教师出示单词卡片 read，please，teacher 和 ice cream，让学生认读单词。 （2）强调字母组合 ea 发[iː]的音。 3. 学习字母组合 ea 在单词中发[e]的音。 （1）教师出示 bread，让学生感知单词 bread 中字母组合 ea 的读音，引出字母组合 ea 发[e]音的教学。 （2）教师出示单词 head，sweater，ready。 （3）教师播放课本第 46 页"Listen and learn the English sounds."部分的录音。 （4）巩固练习。 游戏：投篮高手。 游戏规则：教师出示若干个标有单词的篮球（如：teacher，sweater，please，read，head，bread 等）和两个篮筐，篮筐上分别标着 ea[iː]和 ea[e]。 完成学生自我评价表。	3. 认真读出包含 ea 的单词，并准确发音。 4. 认真学习字母组合 ea 发[iː]的音。 5. 学习字母组合 ea 发[e]音。 6. 尝试自己拼读单词。 7. 学生模仿跟读。 8. 根据单词中字母组合 ea 的读音将篮球投入相应的篮筐中。 9. 在老师的指导下，用评价单进行自评。	观察学生是否能理解字母组合，能正确学习发音。 观察学生是否能在练习中准确地发出字母组合的不同音标。 观察学生是否能积极地参与游戏练习，并能轻松愉快地做出选择。 通过多样化的评价，以评促学，以评促教。

第三课时

【课时内容】

Unit 6 Meals Part C

【课型】

拓展课

【课时目标】

单元目标 M410601
1. 在看、听、说活动中，获取、梳理歌曲大意并学会创编歌曲。（学习理解）
2. 通过小组合作完成思维导图和问答表演让学生巩固本单元重点知识。（应用实践）
3. 通过绘本让学生学会更多关于健康饮食和文明用餐礼仪，使其在课堂上有更好的提升。(迁移创新)

单元目标 M410602
4. 能够认真观察图片，并能够通过图片、问题链等判断食物健康与否，发展思维品质。

【教学实施路线图】

游戏导入→学唱歌曲并创编→完成一日三餐思维导图，并向同学展示→快速阅读绘本并回答问题

活动过程	教师活动	学生活动	学习评价
一、创设情境，揭示课题 【设计意图】通过看图说单词，迅速帮助学生回忆前两课时的重点词汇，并通过师生问答练习句型，为本节课的学习做好准备。	1. Greetings 2. Word game T：There are so many kinds of food here. Look at the screen and say the words you see as quickly as you can. Teacher：OK！That's great！(In the face of the wonderful performance of all students.)	1. 与教师热情互动、问好； 2. 在教师带领下根据图片说单词，复习巩固重点词汇。 Ss：Vegetables，milk，grapes….	教师观察学生能否和教师流畅互动，并能迅速根据卡片回忆重点词汇，对掌握比较扎实的学生予以鼓励和表扬。

续表

活动过程	教师活动	学生活动	学习评价
	3. Dialogue review pattern T：Look，this is my breakfast，lunch and dinner. T：What's for breakfast? S₁：Milk，bread，eggs and tomatoes. T：What's for lunch? S₂：Noodles，fish，vegetables and grapes. T：What's for dinner? S₃：Rice，beef，tomatoes and potatoes. Teacher：Well done，class. Listen，there's a song called "What's for Dinner". Let's sing together.	3. 运用所学的句型和单词与老师对话，回答问题。 4. Listen the song of "What's for Dinner".	观察学生是否能听懂，并理解教师的问话，能迅速做出反应，运用正确的句型回答问题，并交流互动。
二、动手实践，探究新知 【设计意图】通过练习，检验学生掌握程度，并评价。	1. Let's sing (1) Let the students familiarize themselves with the melody. (2) Read the words of song. This word is very long. First, the teacher reads it as slowly as possible and the students repeat it three times. Then differentiate the pronunciation de-li-cious, ask individual student to read; Then add the expressions to delicious and read	1. 跟着旋律熟悉并有节奏地跟唱歌曲。 2. 重复练习歌词中的短语和句型，认真朗读单词，练习准确发音。	教师观察学生能否参与歌曲演唱，并能理解歌曲大意，认真学习发音。

171

续表

活动过程	教师活动	学生活动	学习评价
	the words to deepen the sounds and meanings. At last, practice your sentences according to the principle of "never leave A sentence". (A delicious meal.) First sing a song as a class, in a group, at the same table. 2. Let's write The PPT shows the teacher's lyrics. Please write your own lyrics. Try the song with your classmates first.	3. 与小组同伴再次练习唱歌曲。 4. 根据歌曲表达的含义，运用前两课时掌握的单词进行创编。 5. Sing a song together.	（落实课时目标1）观察学生是否能理解歌曲中心意思，并根据歌曲主旨进行创编，是否能积极地参与互动，主动探索、理解。 观察学生是否能在游戏中迅速反应，正确发音，并快速说出答案。 观察学生是否能主动参与互动和交流，大胆表达自己的观点看法。 观察学生在说唱歌曲时，节奏是否准确，是否能在理解句型含义的基础上，流畅地进行演唱。

续表

活动过程	教师活动	学生活动	学习评价
三、尝试练习，巩固新知 【设计意图】通过思维导图、对话练习、Chant 等多样化活动，巩固本课所学。	1. Learn to write (1) Please complete the dialogue according to the picture. (2) Show the mind map and ask students to arrange three meals a day according to their hobbies and eating habits. (3) Ask and answer T：What's for breakfast? T：What's for lunch? T：What's for dinner? T：Wow! A delicious meal. (Based on each student's answer.) (4) Please complete the dialogue according to the picture. T：Yang Ming likes your food very much and wants to visit your home. How do you greet him? Teacher demonstration： T：Wow! A delicious meal. S_1：Have some, please.	1. To finish the dialogue according to the picture. 2. 认真思考，根据自己的爱好和饮食完成一日三餐的思维导图，并向同学展示。 3. 根据教师的提问，理解句型并运用正确的句型进行回答。 4. 根据图片完成对话。	（落实课时目标2）观察学生是否能够在教师给出的思维导图支架下完成，根据情况给予指导和鼓励。 （落实课时目标3）教师观察学生能否在听、看的过程中借助问题完成对话的任务并有针对性地进行听力巩固和帮助。

续表

活动过程	教师活动	学生活动	学习评价
	T: Thank you. / No, thank you, please act in groups of four. Have some, please. Thank you. / No, thank you. Please perform in individual groups. 2. Let's chant T: Yang Ming wants to cook food by himself, so he learns a chant, let's learn with him. (1) Listen the chant. (2) Read the words of the chant. (3) Teach: cut, peel, wash (teach teachers to read each word, tell students how to spell each word, read the word combined with actions, and finally chant the teacher). Cut, cut, cut the tomatoes. Peel, peel, peel the potatoes. Wash, wash, wash the vegetables. (Sing and move over and over) (4) Clap and say chant (teacher demonstration, whole class rap, group rap, whole class rap). (5) 完成老师提供的评价表。 3. Listen. Tick or cross.	5. Let's chant and read the words of the chant. 6. Learn the word combined with actions. 7. 在教师的带领下，全班进行说唱，边拍手边进行集体说唱。 8. 在老师的指导下，用评价单进行自评和他评。 9. Finish the "Tick or cross".	观察学生是否能借助肢体语言 chant 并给予指导和表扬。 （落实课时目标4）观察学生是否能理解句型的含义，是否能正确判断并及时追问、反馈。 学生能在教师引导下通过自评和互评。 教师通过巡视检测学生"Tick or cross"完成情况并及时给予指导。

续表

活动过程	教师活动	学生活动	学习评价
四、全课总结，拓展延伸 【设计意图】 播放绘本故事《鸵鸟的故事》，和学生讨论故事情节，引导学生懂得健康合理的饮食，不贪食。	Story time 1. Enjoy the story "The Ostrich" An ostrich is having her lunch on the beach. The ostrich eats some cheese. Oh! Too much cheese! "Not too much for an ostrich." The ostrich eats some chips. Oh! Too many chips! "Not too many for an ostrich." The ostrich also eats a small peach, a big peach, and a very, very big peach. Oh no! Oh no! Oh no! The ostrich really eats too much! 2. Think and answer T：What does the ostrich eat for lunch? What happened in the end? What do you understand? T：Maintain a healthy diet and avoid overeating!	1. 欣赏故事，了解鸵鸟吃午餐时，吃完奶酪吃薯条，吃完薯条吃桃子，最后吃得太多太多了，被抬进了医院。 体会绘本故事传达的含义，感受其中蕴含的道理。 2. 思考并回答老师的问题，说说鸵鸟一共吃了哪些食物？ 最后发生了什么事情？ 为什么会这样？	观察学生是否能听懂故事内容，是否能正确了解故事情节，并理解故事传达的道理。 观察学生是否能在教师引导下听懂并回答问题。 教师根据学生的反馈给予口头点评。

闽教版五年级上册 Unit 6　Asking the Way

一、单元整体教学设计（设计：黄菊、黄楠楠）

本单元 大概念	大概念：Asking the way, helping the people（学问路，会助人，树立正确的价值观） 理由一：本单元是关于问路指路的话题，旨在让学生学会如何在具体情境中有礼貌地用英语进行问路指路。 理由二：通过学习如何有礼貌地用英语问路指路，让学生学会帮助他人，体会助人之乐。 理由三：通过学习，学生能够用英语有礼貌地问路，能根据标志图等提示指路，讲述出行方式及规划科学路线，并能用所学知识帮助他人，树立正确的价值观，落实英语核心素养。
内容分析	本单元的内容围绕问路指路这一话题展开，属于课程标准中"人与社会"这一主题范畴，包括 Part A，Part B，Part C 三课时，Part A，Part B 是两个对话语篇，Part C 是新创设的视频情境语篇。 Part A 是配图对话，是关于一名女子与 Yang Ming 的问路对话。提着行李箱的女子要去火车站，但是不认识路，于是礼貌地向 Yang Ming 问路。Yang Ming 根据火车站比较远的情况给她提了合理的交通建议。该语篇旨在让学生学习如何礼貌问路和根据目的地指出合理路线建议，同时也渗透了问路礼仪，提升学生的人际交往能力。 Part B 也是配图对话，是关于两个陌生人在街上的问路指路对话。男子由于从自行车上摔下来，需要前往附近的医院。他向女子问路，女子为他指出附近医院的简单路线并热心帮助他前往医院。该语篇拓展和延伸了问路主题，呈现了相关交通标志图的表达，让学生懂得如何借助标志图简单描述附近目的地路线，也让学生感受助人为乐的良好品质，树立正确的价值观。 Part C 是在统整本单元内容基础上新创设的视频模态语篇。视频首先介绍了外国小朋友 Ann 要来莆田游玩，但是不熟悉莆田，请大家来帮助她，为她指路。接着，通过 Ann 从 Putian Railway Station 到 Hilton Hotel 的路线安排；从 Hilton Hotel 到 Shouxi Park 的路线安排；为 Ann 推荐一个莆田景点，并规划路线这三个小情境，来复习本单元的内容，对本单元进行迁移创新，从而做到 "Asking the way, helping the people"，落实英语学科核心素养。

续表

课标依据	义务教育英语课程标准（2022 年版）对本单元提出了如下要求： 一、内容要求 1. 主题 本单元属于"人与社会"主题范畴，涉及"社会服务与人际沟通"主题群中"同伴交往，相互尊重，友好互助""良好的人际关系与人际交往"等子主题。（P14、P16） 2. 语言知识 在具体语境中，如购物、就医、打电话、问路等，与他人进行得体的交流。（P23） 二、教学提示 1. 关注学生不同的学习需求，采用多种教学方式激发学生的学习兴趣，为学生创设体验成功的机会。（P36） 2. 通过开展英语综合实践活动，促进学生核心素养的全面发展。（P37） 三、学业质量标准 1. 能对他人的邀请、祝愿、请求等作出回应，用语得体。 2. 在阅读相关主题的语篇材料时，能梳理人物、场景、情节等信息，独立思考，提出个人见解。 3. 对英语学习有兴趣，主动参与课堂活动，与同伴一起围绕相关主题进行讨论，合作完成学习任务。（P44）
学情分析	认知起点： 1. 学生在四下 Unit 4 学习过关于交通工具的表达，四上 Unit 4 和四下 Unit 5 学习过关于数字的表达，五上 Unit 4 学习过一些关于建筑物的表达。 2. 学生在四上也学习过一般现在时的表达，此后的学习中也经常复习和回顾该时态。 认知特点： 五年级的学生经过了两年的学习，有了一定的基础。他们能较好地进行分析综合、抽象概括等逻辑思维活动。对以往的知识，能进一步地拓展和延伸，除了新知识习得以外，更注重语言知识的实践运用、语言技能的不断发展以及思维认知水平的不断提升。

续表

单元目标	认知难点： 问路指路的话题虽与实际生活息息相关的，但是现在很多孩子出行由父母安排，缺乏相关社会经验，对于这方面还是比较陌生，这是学生学习的困难所在。此外，本单元较多的新单词和句型也是难点之一。 【M510601】能用所学语言进行问路和指路，学会基本问路礼仪，会用所学知识帮助他人，发展语言能力。 【M510602】能用所学语言进行问路和指路，培育乐于助人良好品质，学会描述简单的交通标志图，提高学习能力。 【M510603】能根据他人所要到达的不同目的地，科学合理规划路线，形成正确的价值观，提升思维品质和文化意识。
单元教学规划图	Asking the Way 较远目的地的问路指路 / 较近目的地的问路指路 / 根据不同情况规划路线 Part A：配图对话运用所学知识有礼貌地问路和指路，对距离较远的目的地学会给出合理的建议。 Part B：配图对话运用所学知识有礼貌地问路和指路，对距离较近的目的地会描述路线，并学会关心帮助他人。 Part C：补充视频运用所学知识帮助他人针对不同目的地规划科学合理的路线。培养助人为乐的良好品质。 Asking the way, helping the people 在实际生活中有礼貌问路指路，科学合理规划路线，并用所学知识帮助他人，体会助人之乐，树立正确的价值观。

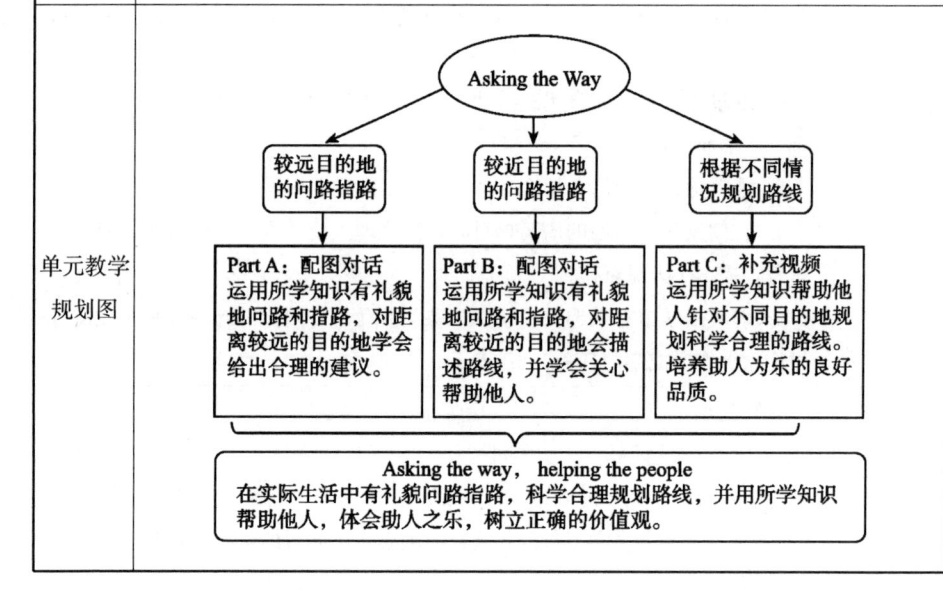

二、单元课时设计

第一课时

【课时内容】

Unit6 Asking the Way　Part A

【课型】

种子课

【课时目标】

围绕"Asking the way, helping the people"这一大概念设定，结合单元目标设定以下目标：

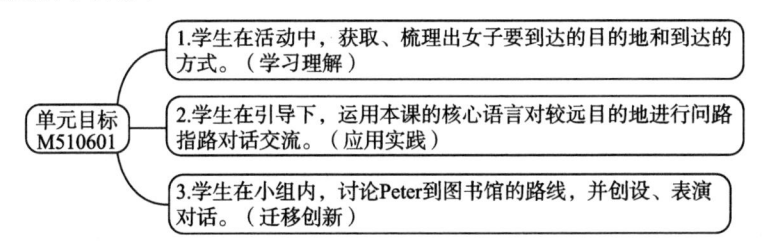

单元目标 M510601
1. 学生在活动中，获取、梳理出女子要到达的目的地和到达的方式。（学习理解）
2. 学生在引导下，运用本课的核心语言对较远目的地进行问路指路对话交流。（应用实践）
3. 学生在小组内，讨论Peter到图书馆的路线，并创设、表演对话。（迁移创新）

【教学实施路线图】

Chant→归纳女子到火车站的交通方式→对较远目的地进行对话练习→规划 Peter 去图书馆的路线

活动过程	教师活动	学生活动	学习评价
一、创设情境，揭示课题 【设计意图】本阶段学习活动通过本册 Unit 3 轻松欢快的 chant，自然过渡到 Free Talk，接着引出本课的课题。活跃了课堂气氛，充分调动了学生的积极性，激发了学生的兴趣，也引发了学生的思考，为继续学习奠定基础。	1. 师播放 chant：October. 2. Free Talk（师由 chant 引出相关话题）： Will you go for a holiday? Where will you go? How do you go there? If you can't find the way, what will you do? 3. 揭示课题。	1. 生一起说 chant：October. 2. Free Talk：学生根据所学知识回答老师的相关问题。 3. 进入本课学习。	教师观察学生能否参与热身活动和进行互动交流，并根据学生的参与度进行适当鼓励与引导。

续表

活动过程	教师活动	学生活动	学习评价
二、动手实践，探究新知 【设计意图】本阶段的学习活动旨在帮助学生在语境中理解对话内容，学习对话中的核心语言。学生通过层层递进的问题，从大意到细节逐步理解对话内容，积累并拓展关于问路和较远目的地的指路知识。之后跟读、分角色朗读等活动，让学生深入理解习得内容，进一步促进了语言的内化。	1. 教师出示课文图片，让学生观察、预测对话内容，感知新语言，如"Who are they? What is the woman doing? Where does the woman want to go?" 2. 教师播放课文视频，提出问题："Where does the woman want to go? How can the woman get there?"并引导学生理解station和taxi的含义。 3. 教师再次播放视频，并引导学生思考问题："Is the train station far away or nearby? How can the woman get to the train station? Which bus can the woman take?"图片对比教学far away 词组，并引导学生学习如何对远距离目的地指路。	1. 学生观察图片，并根据已有经验和老师的层层启发，回答问题，预测新内容，对课文有整体的感知。 2. 学生观看视频，理解对话大意，回答问题。并学习 station, train station, taxi。 3. 学生观看视频，理解对话细节，回答问题并学习 far away。并懂得如何对距离较远的地点进行指路和给出交通建议。	（落实课时目标1）教师观察学生能否参与互动和交流，主动分享个人对该主题已有的知识、经验的认识，并根据需要调整提问方式，进行追问或给予鼓励。 教师观察学生回答问题的情况，根据学生表现给予指导和反馈。 教师观察学生能否从对话中理解、掌握核心语言，根据学生的回答给予必要的提示和指导。

续表

活动过程	教师活动	学生活动	学习评价
	4. 教师引导学生观察对话中的女子是怎么问路的，并判断是否礼貌，如何体现？	4. 学生从对话中学习如何问路，并找出文中女子的礼貌用语，学习问路礼仪，提升文化意识。	教师观察学生是否掌握了问路礼仪。
	5. 教师播放录音，让学生跟读、分角色朗读，并给予朗读指导。	5. 学生听录音跟读、分角色朗读对话，关注语音、语调、节奏、连读、重读等。	教师根据不同能力水平学生朗读对话的情况，给予指导或鼓励。
三、尝试练习，巩固新知 【设计意图】本阶段学习活动引导学生在归纳和整理核心语言的基础上，通过开展 Pair work 活动，让学生借助语言支架，通过对话练习内化目标语言，掌握如何规划较远目的地的路线和交通方式的选择。从学习理解过渡到应用实践，为后面的真实表达做准备。	教师引导学生归纳对话的核心语言，并引导学生根据第二部分 Ask and answer 的内容开展 Pair work 活动。	学生根据第二部分 Ask and answer 提供的图片进行 Pair work，开展同伴问答活动。 参考语言： —How can I get to the _____? —You can take a bus. —Which bus can I take? —_____.	（落实课时目标2）教师观察学生在语境中运用核心语言进行问答和交流的情况，根据学生的表现给予指导和反馈。

续表

活动过程	教师活动	学生活动	学习评价
四、全课总结，拓展延升 【设计意图】本阶段学习活动旨在帮助学生在迁移的语境中，创造性地运用所学语言，巩固本课问路指路内容，培养学生在真实情境中运用所学语言和文化知识解决实际问题的能力，同时发展学生的合作交流能力，提升学生的核心素养。	1. 教师出示一张平面图，并介绍：新转来的同学 Peter，想要去三公里外的图书馆，请问他该怎么走？选择何种交通工具？ 2. 以小组为单位，为 Peter 设计最佳路线，创设对话，并请小组成员分角色展示表演。 3. 学习小结。	1. 学生根据老师提供的情境在小组内讨论 Peter 的路线，并用本课的核心语言创设对话。 2. 小组成员向全班展示路线，并进行分角色表演。	（落实课时目标3）教师观察学生在小组内运用所学语言交流和小组成员展示的情况，并给予鼓励和帮助。同时评价教与学的成效。特别要关注是否具备问路礼仪，表达是否得体、有效。

第二课时

【课时内容】

Unit 6 Asking the Way Part B

【课型】

生长课

【课时目标】

围绕"Asking the way, helping the people"这一大概念设定，结合单元目标设定以下目标：

单元目标
M510602
├─ 1.学生在活动中，获取、梳理出男子要到达的目的地和到达的方式。（学习理解）
├─ 2.学生在引导下，运用本课的核心语言对较近目的地进行问路指路对话交流。（应用实践）
└─ 3.学生在小组内，画出学校到自己家的路线图，并向全班展示交流。（迁移创新）

【教学实施路线图】

歌曲导入→归纳男子到达医院的路线→对较近目的地进行对话练习→交流学校到自己家的路线

活动过程	教师活动	学生活动	学习评价
一、创设情境，揭示课题 【设计意图】本阶段学习活动先是通过旋律轻快的歌曲活跃课堂气氛，激发学生学习热情，调动了学生的积极性。接着引导学生根据图片进行对话练习，既复习了上节课的语言知识，也为本课的继续学习奠定基础。	1. 教师播放歌曲录音，全班学生一起跟唱：Follow Me。 2. 教师出示一些表示地点的图片，如：火车站、电影院、博物馆等，每张图片的旁边配有所乘公共汽车的线路，请学生做对话练习。 3. 揭示课题。	1. 学生跟唱 Follow Me。 2. 学生根据图片用上一课的核心语言做对话练习。 参考语言： —How can I get to the _____? —You can take a bus. —Which bus can I take? —_____. 3. 进入本课学习。	教师观察学生能否积极参与热身活动和进行练习互动，并根据学生的参与度进行适当鼓励与引导。

183

续表

活动过程	教师活动	学生活动	学习评价
二、自主探究，顺学而导 【设计意图】本阶段的学习活动旨在帮助学生在语境中理解对话内容，继续巩固关于问路的知识，延伸学习关于较近目的地的指路知识。学生通过观看对话、回答问题和思考问题等活动，提取、梳理信息，学习对话核心语言，积累并拓展语言知识，促进语言内化，为语言输出奠定基础。	1. 教师出示课文图片，学生观察、预测对话内容，猜测事件经过，感知新语言，如 Who are they? What happened to the man? Where does he need to go? 2. 教师播放课文视频，验证预测，提出问题：Is the hospital far away or nearby? 并通过图片和对比教学 hospital, nearby。 3. 教师再次播放视频，并引导学生思考问题：How can the man get to the hospital? 并结合交通标志图教学 go straight, turn left, turn right, 同时引导学生学习如何对近距离目的地指路。	1. 学生观察图片，并根据已有经验和教师的引导，回答问题，整体感知事件经过，预测新内容。 2. 学生观看视频，验证猜测，回答问题，理解对话大意，根据图片，学习 hospital 和 nearby。 3. 学生观看视频，理解对话细节，回答问题，结合交通标志图学习 go straight, turn left, turn right, 并学会如何对距离较近的目的地进行指路。	（落实课时目标1）教师观察学生能否参与互动和交流，主动分享个人对该主题已有的知识、经验，并根据需要调整提问方式，进行追问或给予鼓励。 教师观察学生回答问题的情况，根据学生表现给予指导和反馈。 教师观察学生能否从对话中理解、掌握核心语言。根据学生的回答给予必要的提示和指导。教师根据学生理解词汇、掌握词汇的情况，发现问题，及时提供帮助。

续表

活动过程	教师活动	学生活动	学习评价
	4. 教师引导学生思考和讨论对话中发生的事件给了大家什么启发？并进一步展开情感教育。 5. 教师播放录音，让学生跟读、分角色朗读，并给予朗读指导。	4. 学生畅所欲言地说自己的看法。同时树立出行安全意识和培养乐于助人的良好品质。 5. 学生听录音跟读、分角色朗读对话，关注语音、语调、节奏、连读、重读等。	教师根据学生的回答，帮助学生树立正确的价值观。 教师根据不同能力水平学生朗读对话的情况，给予指导或鼓励。
三、巩固练习，拓展提升 【设计意图】本阶段学习活动引导学生在归纳和整理核心语言的基础上，通过开展 Pair work 活动，让学生借助语言支架，通过对话练习内化目标语言，掌握如何根据指示图描述较近目的地的路线。	教师引导学生归纳对话的核心语言，并引导学生根据第二部分 Ask and answer 的内容开展 Pair work 活动。	学生根据第二部分 Ask and answer 提供的图片进行 Pair work，开展同伴问答活动。 参考语言： —I need to go to ＿＿＿＿. How can I get there? —＿＿＿＿.	（落实课时目标2）教师观察学生在语境中运用核心语言进行问答和交流的情况，根据学生的表现给予指导和反馈。

185

续表

活动过程	教师活动	学生活动	学习评价
四、全课总结，拓展延升 【设计意图】本阶段学习活动旨在帮助学生在真实的语境中，创造性地运用所学语言，巩固本课较近目的地问路指路的核心语言。学生从课本走向现实生活，在规划从学校到家的路线中，发展了学生的语用能力，提升了学生的核心素养。	1. 教师出示一张自己画的从学校到家的路线图，请学生根据路线图说一说。 2. 以小组为单位，请学生画出自己从学校到家的路线图，然后说给同伴听，并请个别学生上台展示。	1. 学生观察老师提供的路线图，并用本课的核心语言进行描述。 2. 学生画出自己的路线图，并向同伴展示，巩固对核心语言的掌握。	（落实课时目标3）教师观察学生运用所学语言交流汇报的情况，并给予鼓励和帮助。同时，评价教与学的成效。

第三课时

【课时内容】

Unit 6 Asking the Way Part C

【课型】

拓展课

【课时目标】

围绕"Asking the way, helping the people"这一大概念设定，结合单元目标设定以下目标：

```
                  ┌─ 1.学生在情境中,运用Part A的核心语言制定Ann从动车站到酒店
                  │   的路线和交通方式。(应用实践)
    单元目标      │
    M510603    ──┼─ 2.学生在情境中,运用Part B的核心语言制定Ann从酒店到公园的
                  │   路线。(应用实践)
                  │
                  └─ 3.学生在情境中,为Ann推荐一个莆田的景点并规划合理科学的
                      路线。(迁移创新)
```

【教学实施路线图】

Chant 导入→规划 Ann 从动车站到酒店的路线→规划 Ann 从酒店到公园的路线→为 Ann 推荐一个景点并规划路线

活动过程	教师活动	学生活动	学习评价
一、创设情境,揭示课题 【设计意图】本阶段的学习活动不仅通过 chant 来活跃课堂气氛,调动学生学习的积极性,还创设了外国小朋友 Ann 来莆田旅游这个真实的语言情境,紧扣本单元话题,旨在让学生在真实的情境中复习巩固本单元的核心语言,从而实现梳理语言知识、提升语言素养的目标。	1. 师播放 chant:How can I get to the zoo? 2. 教师播放视频,并介绍外国小朋友 Ann 要来莆田游玩,但是不熟悉莆田,请你来帮帮她。 3. 导入本课课题。	1. 生一起说 chant:How can I get to the zoo? 2. 学生观看视频,对 Ann 的情况有基本的了解,为接下来的活动做充分准备。 3. 进入本课。	教师观察学生能否积极参与热身活动并认真观看视频,进入本课设置的真实情境,为接下来的学习做铺垫。

续表

活动过程	教师活动	学生活动	学习评价
二、自主探究，顺学而导 【设计意图】本阶段学习活动旨在在创设的真实情境中，引导学生运用第一课时的核心语言，对较远的目的地规划合理科学的路线并进行问路和指路，促进语言的进一步内化，同时树立绿色出行的环保意识。	1. 教师播放视频片段：Ann 现在在莆田动车站（Putian Railway Station），她住的酒店是希尔顿酒店（Hilton Hotel）。她不知道动车站离酒店有多远，她该如何到达酒店？该选择何种交通方式？ 2. 教师引导学生规划 Ann 从动车站到酒店路线，适时引导学生可以借助地图 App、打车软件、公交线路查询软件等。 3. 请部分小组学生上台展示自己的学习单，说说小组帮 Ann 规划的路线。 4. 教师引导学生对各组不同的交通方式进行讨论，评价。	1. 学生观看视频，结合本部分学习单，明确本部分的学习任务。 2. 学生以小组为单位规划路线图，小组内可以分工合作。把最终路线和交通方式以角色对话形式填入学习单内，并在小组内交流分享。 3. 小组中部分成员上台展示小组规划的路线图，说说为 Ann 规划的路线以及选择的交通工具，并派两个成员分角色演示真实的 Ann 问路场景。 4. 学生对各组的展示结果进行讨论，评出较为合理科学的路线，树立绿色出行的环保意识。	（落实课时目标 1）教师观察学生能否明确本部分的学习任务，并适时给予指导与提示。 教师观察学生在小组内运用所学语言规划路线和交通方式的情况，并给予鼓励和帮助。 教师观察学生向全班汇报和分角色表演的情况，根据学生的表现给予鼓励和指导。 教师观察学生是否积极讨论和正确评价各小组路线和交通方式。

续表

活动过程	教师活动	学生活动	学习评价
三、巩固练习，拓展提升 【设计意图】本阶段学习活动旨在创设的真实情境中，引导学生运用第二课时的核心语言，根据地图等描述较近目的地的路线，促进语言的进一步内化，为后面的迁移创新做准备。	1. 教师再次播放视频片段：Ann 已经到了希尔顿酒店（Hilton Hotel），时间还早，她想去附近的绥溪公园（Shouxi Park）走走逛逛，她该怎么出行呢？ 2. 教师引导学生在学习单上画出酒店到公园的路线图，并引导学生用核心语言与同伴相互交流。 3. 教师引导部分学生展示路线图。	1. 学生观看视频，结合本部分学习单，明确本部分的学习任务。 2. 学生在学习单上画出酒店到公园的路线图，并用所学的核心语言将路线填入学习单中，与同伴进行交流。 3. 学生向全班展示自己的路线图，并用所学核心语言介绍酒店到公园的路线。	（落实课时目标2）教师观察学生能否明确本部分的学习任务，并适时给予指导与提示。 教师观察学生运用所学语言规划较近目的地路线的情况，并给予鼓励和帮助。 教师观察学生向全班汇报展示的情况，根据学生的表现给予鼓励和指导。

续表

活动过程	教师活动	学生活动	学习评价
四、全课总结，拓展延升 【设计意图】本阶段学习活动旨在帮助学生在迁移的语境中，创造性地运用所学语言，巩固本单元的知识。学生从课本走向现实生活，在推荐景点、规划路线中，发展语用功能，同时培养了乐于助人的良好品质，进一步落实了核心素养。	1. 教师再次播放视频片段：Ann已经从公园回到酒店，正在计划明天去游览莆田著名的景点，她要选择哪个景点？如何出行？ 2. 教师引导学生分小组为Ann推荐一个莆田景点，并规划路线。适时引导学生结合学过的语言知识来表达。 3. 教师引导各小组向全班展示推荐的景点和路线。 4. 教师引导全班同学对各小组的展示内容进行评价。 5. 学习小结。	1. 学生观看视频，结合本部分学习单，明确本部分的学习任务。 2. 小组成员谈论为Ann推荐的景点和选择此景点的理由，同时为Ann规划去该景点的路线。 3. 小组成员向全班介绍本组合作完成的景点推荐和规划的路线。 4. 学生评价各小组展示的景点和路线。	（落实课时目标3） 教师观察学生能否明确本部分的学习任务，并适时给予指导与提示。 教师观察学生在小组内运用所学语言选择景点、规划路线和交通方式的情况，并给予鼓励和帮助。 教师观察学生向全班汇报情况。根据学生的表现给予鼓励和指导。 教师观察学生是否积极讨论和正确评价推荐景点的代表性和路线的科学性，评价教与学的成效。

第四节　以大概念为本的艺体大单元教学设计

四年级下册美术　吹塑纸版画

一、单元整体设计（设计：张建山、刘建平、王夏青）

本单元大概念	大概念：通过学习吹塑纸版画，了解版画在我国民间传统文化中具有独特的艺术价值与地位，培养学生艺术实践能力和创造能力。 　　理由一：版画作为我国优秀文化艺术遗产之一，具有独特的艺术价值和地位。通过本单元的学习，可以让学生了解版画的历史和特点，掌握版画制作的基本技能和方法，提高学生的艺术实践能力和创造能力。 　　理由二：版画创作需要学生动手实践，通过刻制、印刷等环节，可以锻炼学生的动手能力和实践能力，同时也可以培养学生的创新意识和创造能力。 　　理由三：版画创作可以让学生更好地了解传统文化和艺术，增强学生的文化自信和民族自豪感。同时，也可以让学生更加关注生活，将版画与生活实际相结合，融入自己的情感和创意，提高自己的艺术素养和审美能力。
学习内容分析	本单元为学生初识版画的课程，以我国优秀传统版画艺术为载体，提高学生艺术实践能力和创造能力。版画是一种间接型的绘画形式，是以"版"作为媒介，通过制版与转印完成的绘画艺术，是手工与绘画相融合的一种艺术表现形式。本单元利用吹塑纸板为媒材，学生初识版画，了解版画知识、初步体验单色和套色版画的制作，从而激发学生对版画内容的喜爱，为学生继续学习版画打下基础。
课标依据	《义务教育艺术课程标准（2022年版）》第二学段（3—5年级）： 　　学习任务1：欣赏身边的美 　　帮助学生学会运用造型元素、形式原理和欣赏方法，欣赏、评述艺术家的作品，感受中外美术作品的魅力。（P54）

续表

	内容要求：学会用感悟、讨论等方法，运用线条、形状、色彩、肌理等造型元素，以及对称、重复、对比、变化等形式原理，欣赏、评述中外美术作品。(P54) 学业要求：知道中国民间美术作品及其不同种类。(P54) 学习任务2：表达自己的感受 引导学生探索用传统与现代的工具、材料和媒介，创作平面、立体或动态等表现形式的美术作品，表现自己的所见所闻、所感所想，学会以视觉形象的方式与他人交流。(P54) 内容要求：在吹塑板、雪弗板、木板等材料上，通过剪贴、针刻、雕刻的手法，以及拓印、压印等方法，创作黑白或套色版画。(P55) 学业要求：在活动结束时，能收拾、整理工具和材料，保持课桌和教室的整洁。(P55) 学习任务4：体验传统工艺 引导学生利用不同的工具、材料和技能制作传统工艺品，学习工艺师敬业、专注和精益求精的工匠精神。(P56) 学业要求：养成安全使用工具和材料的习惯。(P56) 学习任务5：参与造型游戏活动 组织学生以个人或小组合作的方式，将美术与自然、社会及科技相融合，探究各种问题，提高综合探究与学习迁移的能力。(P56) 学业要求：能主动学习，具有问题探究的意识和能力。(P57)
学情分析	认知起点：四年级学生对各种艺术形式和表达方式都有较强烈的兴趣，他们可能对绘画、手工制作、雕塑等多种艺术形式都有一定的好奇心和探索欲望。也已经掌握了一定的构图、造型、肌理、色彩原理和方法，也尝试过拓印。 认知难点：学生可能难以掌握刻制、印刷等环节的技巧和方法，需要多加练习和指导。 认知特点：四年级学生第一次接触版画，版画的相关知识、制作步骤等还需要教师的系统教学。

续表

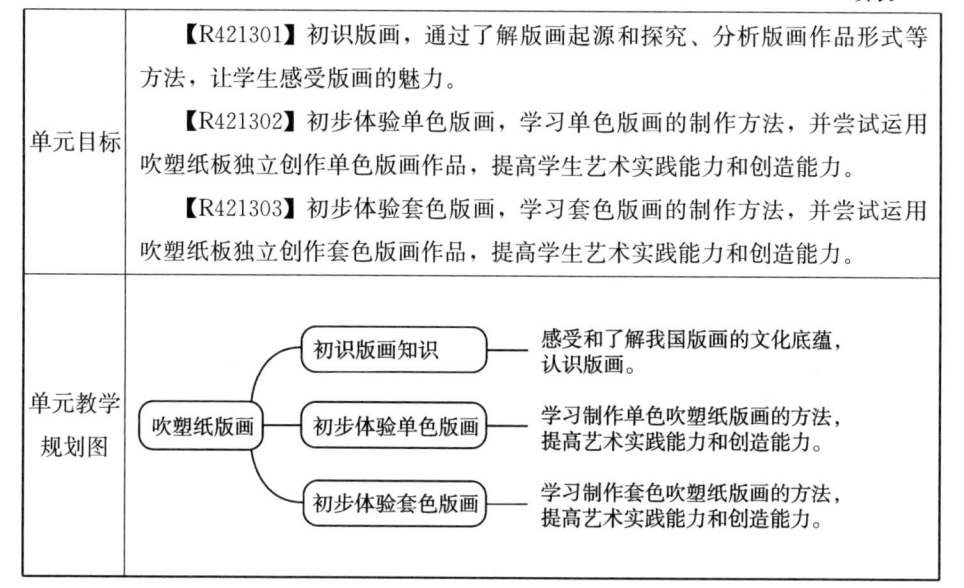

单元目标	【R421301】初识版画，通过了解版画起源和探究、分析版画作品形式等方法，让学生感受版画的魅力。 【R421302】初步体验单色版画，学习单色版画的制作方法，并尝试运用吹塑纸板独立创作单色版画作品，提高学生艺术实践能力和创造能力。 【R421303】初步体验套色版画，学习套色版画的制作方法，并尝试运用吹塑纸板独立创作套色版画作品，提高学生艺术实践能力和创造能力。
单元教学规划图	吹塑纸版画 — 初识版画知识 → 感受和了解我国版画的文化底蕴，认识版画。 — 初步体验单色版画 → 学习制作单色吹塑纸版画的方法，提高艺术实践能力和创造能力。 — 初步体验套色版画 → 学习制作套色吹塑纸版画的方法，提高艺术实践能力和创造能力。

二、单元课时设计

第一课时

【课时内容】

初识版画知识

【课型】

种子课（欣赏·评述）

【课时目标】

围绕"通过学习吹塑纸版画，了解版画在我国民间传统文化中具有独特的艺术价值与地位，培养学生艺术实践能力和创造能力"这一大概念设定，结合单元目标设定以下目标：

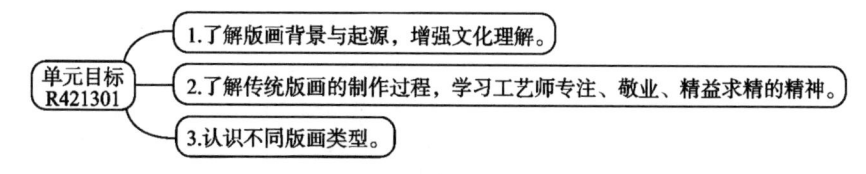

单元目标 R421301
1. 了解版画背景与起源，增强文化理解。
2. 了解传统版画的制作过程，学习工艺师专注、敬业、精益求精的精神。
3. 认识不同版画类型。

193

【教学实施路线图】

了解版画背景—学习传统版画是如何制作的—了解版画与其他画种之间的不同特点—知道版画的不同种类—能够区分单色与套色版画

活动过程	教师活动	学生活动	学习评价
一、创设情境，揭示课题 【设计意图】通过猜谜的方式，让学生猜出四大发明中的印刷术，为版画的课程引入做好铺垫。	出示谜语： 一字一字拼成句，盖上纸张压一压；一页一页订成册，精美书籍变出来。（打一四大发明）	猜谜并回答谜底：印刷术。	学生能积极参与游戏，踊跃猜测谜底。
二、动手实践，探究新知 【设计意图】让学生认识中国最早的版画，感受版画的悠久历史。通过视频引导学生观察民间艺术家制作版画的过程，认识版画与其他画种的区别。通过小游戏的形式引导学生认识单色和套色版画，同时为后续的技法学习做好铺垫。	1. 出示中国最早的版画《金刚般若波罗蜜经》（即《金刚经》）卷首图。 2. 播放传统版画制作过程视频。请学生总结版画与其他画种的区别。 3. 请学生回答，除了视频中的木板，版画还可以刻在什么材料上？ 4. 出示并介绍版画的种类。	1. 欣赏中国最早的版画。 2. 观看视频并思考：版画与其他画种有什么区别？ (1) 版画是一种间接型的绘画形式，是以"版"作为媒介，通过制版与转印完成的绘画艺术。 (2) 版画是复数性的平面作品。也就是一个底版可以印制多张作品。 (3) 版画是手工与绘画相融合的一种艺术表现形式。	（落实课时目标1） 1. 学生能够欣赏中国最早的版画。 （落实课时目标2） 2. 学生能理解版画的独特之处，说出版画与其他画种的区别。 （落实课时目标3） 3. 学生能够知道版画的不同种类，对单色和套色版画有清晰的认识。

第四章 以大概念为本的大单元教学设计

续表

活动过程	教师活动	学生活动	学习评价
	5. 组织学生进行分类小游戏，并说出如何判断单色和套色版画。	3. 回答问题，版画还可以刻在石头、金属板、吹塑纸板等材料上。 4. 了解版画的种类有木版画、纸版画、石版画、铜版画等。 5. 玩分类游戏，将单色和套色版画进行分类，并回答：单色版画是由单个颜色印刷而成，套色版画是由多种颜色印刷而成。	木版画 纸版画
三、尝试练习，巩固新知 【设计意图】帮助学生学会运用造型元素、形式原理和欣赏方法，欣赏、评述版画的作品，感受版画作品的魅力。	组织学生小组合作欣赏经典版画作品。	欣赏经典版画作品，通过感悟、讨论、比较等方法，欣赏、评述版画作品。	（落实课时目标3）学生能够从造型元素、形式原理等方面，欣赏、评述经典版画作品。

195

续表

活动过程	教师活动	学生活动	学习评价
四、全课总结，拓展延伸 【设计意图】让学生感受我国传统版画作品的魅力。	提供传统木版年画清单，让学生了解并选择喜欢的木版年画深入探究学习。	选择喜欢的木版年画深入探究学习。	（落实课时目标1）能够深入了解和探究传统木版年画作品。

第二课时（设计：张建山）

【课时内容】

初步体验单色版画

【课型】

生长课（造型·表现）

【课时目标】

围绕"通过学习吹塑纸版画，了解版画在我国民间传统文化中具有独特的艺术价值与地位，培养学生艺术实践能力和创造能力"这一大概念设定，结合单元目标设定以下目标：

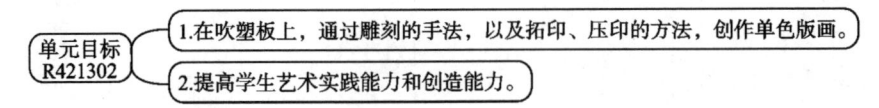

单元目标 R421302
1.在吹塑板上，通过雕刻的手法，以及拓印、压印的方法，创作单色版画。
2.提高学生艺术实践能力和创造能力。

【教学实施路线图】

版画工具的用途和使用方法—单色版画的创作过程—学生创作单色版画作品—作品展示与评价

活动过程	教师活动	学生活动	学习评价
一、创设情境，揭示课题 【设计意图】通过猜一猜版画工具用途的小游戏，深化对工具的认识，激发学习兴趣。	出示版画工具，让学生猜一猜每一样工具的用途和使用方法。	参与游戏互动，探究工具的用途和使用方法。 （1）吹塑纸板，制作版画的底板； （2）没墨的签字笔，用来刻制图案； （3）油墨颜料和水彩笔，用来上色； （4）滚子，将颜料滚到刻好的底板上； （5）宣纸，印制作品； （6）马莲，用来压印。	能够通过观察和猜测认识版画工具。
二、自主探究，学习技法 【设计意图】通过观看版画制作视频，学生可以更加直观地了解版画制作的整个过程，从而加深他们对版画艺术的理解。	1. 播放单色版画制作视频。 2. 欣赏单色版画作品，并让学生判断刻制技法。 3. 教师技法示范。	1. 观看视频，初步感受版画创作的过程。 2. 观察、分析作品，尝试找出刻制技法，有阴刻、阳刻。 3. 观看老师示范，学习刻制方法： （1）设计底稿； （2）将底稿复印到吹塑纸板上； （3）刻制； （4）印刷。	（落实课时目标1） 1. 学生能够理解并掌握版画的制作步骤。 2. 学生能够通过观察和分析，对作品进行合理的解析和评价。
三、巩固练习，拓展提升 【设计意图】学生通过艺术实践来检验自己所学到的知识，提升实践能力和创造能力。	教师巡回指导。	设计版画底稿、刻板、印刷，安全使用工具和材料创作一幅单色版画。	（落实课时目标2） 学生能够掌握单色版画的刻制技法，并在创作中运用。

续表

活动过程	教师活动	学生活动	学习评价
四、全课总结，拓展延伸 【设计意图】展示与评价，激发学生的艺术潜能，展现艺术美感的实践能力。	组织学生展评单色版画作品，让学生互相评价和自我评价，然后教师给出鼓励性评价。	将印制好的作品挂到展示区，与同学交流，互相评价和自我评价。	学生通过单色版画作品展评，能够发现自己与他人作品的优缺点。

第三课时

【课时内容】

初步体验套色版画

【课型】

生长课（造型·表现）

【课时目标】

围绕"通过学习吹塑纸版画，了解版画在我国民间传统文化中具有独特的艺术价值与地位，培养学生艺术实践能力和创造能力"这一大概念设定，结合单元目标设定以下目标：

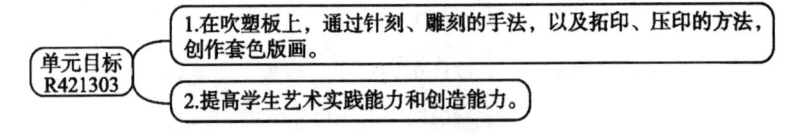

单元目标 R421303
1.在吹塑板上，通过针刻、雕刻的手法，以及拓印、压印的方法，创作套色版画。
2.提高学生艺术实践能力和创造能力。

【教学实施路线图】

欣赏套色版画作品—学习套色版画的制作方法—学生创作套色版画—作品展示与评价

活动过程	教师活动	学生活动	学习评价
一、创设情境，揭示课题 【设计意图】欣赏名家优秀作品，细致观察，加深对版画的理解。	1. 回顾单色版画的制作方法。 2. 出示套色版画作品，让学生尝试探索套色版画的制作方法。	欣赏作品，小组合作探索版画套色的方法并反馈：套色版画是通过多次上色印制，创作出多种颜色的版画作品。	学生能够积极参与小组合作，共同探讨版画套色的方法。
二、自主探究，学习技法 【设计意图】通过观看示范视频，直观且整体地了解版画创作过程。通过单色版画向套色版画的转变，深入理解单色与套色版画之间的关联与不同的特征。	1. 观看套色版画示范视频。 2. 引导学生在单色版画的基础上印制套色版画作品。	1. 观看示范视频，了解制作步骤： （1）设计底稿； （2）将底稿复印到吹塑纸板上； （3）刻制； （4）多次上色印刷。 2. 利用单色版画的底板印制套色版画。	（落实课时目标1） 1. 学生能够整体地了解套色版画的创作过程，并能够进行简单的模仿和尝试。 2. 学生能够理解单色版画与套色版画之间的关联，并能够在单色版画的基础上印制套色版画。
三、艺术实践，巩固练习 【设计意图】学生通过艺术实践来检验自己所学到的知识。	巡回指导学生创作。	选择自己喜欢的主题，安全使用工具和材料创作一幅套色版画。	（落实课时目标2） 学生能够掌握套色版画的印制技法，并在创作中得以运用。
四、全课总结，拓展延伸 【设计意图】展示评价，借鉴学习，拓宽思路，提高版画创作的水平，提升审美情趣。	组织学生展评套色版画作品，让学生互相评价和自我评价，然后教师给出鼓励性评价。	将套色版画作品挂在展示区，与同学互相评价，然后自我评价。	学生通过套色版画作品展评，能够发现自己与他人作品的优缺点，并激发出新的创作灵感。

四年级体育水平二 篮球行进间运球

一、单元整体设计（设计：林益鸿、蔡海权、薛燕英）

本单元大概念	大概念：通过创设复杂的运动情境，让学生运用数学等跨学科知识，提高行进间运球技术，帮助培养学生团结合作、顽强拼搏的精神，发展速度、耐力、下肢力量等身体素质。 　　理由一：篮球活动可以培养学生的学习兴趣，发展体能，提高对球体的感知能力以及人与球体的距离感、空间感、速度感等能力。 　　理由二：篮球活动可以培养学生果敢、机敏、顽强等心理品质。 　　理由三：篮球活动可以提高学生抗挫折意识和调节情绪的能力以及团队协作等集体主义精神。
学习内容分析	本单元以篮球行进间运球为教学内容，主要目的是锻炼学生身体，培养学生对篮球运动的兴趣以及学生的团队合作精神。根据小学四年级学生身心特点，在教学内容设计中，注重篮球比赛规则的渗透，通过游戏和教学比赛，使学生能够将所学的基本技术、竞赛规则运用到游戏比赛中，从而达到身心发展的目的。开展篮球活动，可以发展学生的奔跑能力、快速反应能力和身体的灵活性，可以培养学生的合作意识及团结拼搏精神；激发学生对篮球运动的兴趣，有助于学生终身体育锻炼意识的形成。
课标依据	聚焦中国小学生发展核心素养，培养学生适应未来发展的正确价值观、必备品格和关键能力，引导学生明确人生发展方向，成长为德智体美劳全面发展的社会主义建设者和接班人。（前言第2页） 　1. 坚持"健康第一"的教育理念。 　2. 落实"教会、勤练、常赛"。 　3. 加强课程内容设计。 　4. 注重教学方式改革。 　5. 重视综合性学习评价。 　6. 关注学生个体性差异。（P2—4）

续表

	学业要求： （1）做出所学球类运动项目的基本动作和简单组合动作，并在游戏和比赛中运用；能参与班级内简化规则与要求的游戏和比赛；体能水平有所提高；说出与所学球类运动项目相关的动作术语；每学期观看不少于8次所学球类运动项目的比赛。 （2）体验所学球类运动项目游戏的乐趣，能与同伴一起参与学练，适应新的合作环境，与同伴互爱互助，发扬团队精神。 （3）按照所学球类运动项目的规则和要求参与游戏和比赛，在挑战自身身体极限且保证安全的情况下能坚持完成学练任务，表现出克服困难、勇敢坚毅的意志品质。（P29）
学情分析	本单元的教学对象是小学四年级学生，他们中的大多数体能较好且活泼好动。班级大部分同学喜欢篮球活动，对篮球活动的积极性很高。本单元学习行进间运球的动作方法，教学中要根据小学生的身心特点，选择多种有趣的锻炼内容，生动活泼的锻炼形式，发展学生体能。
单元目标	认知目标：通过练习，95％的学生能掌握行进间运球的基本动作要领，了解比赛规则、交通安全、劳动等知识。 技能目标：通过练习，85％的学生能掌握正确的按拍球的部位、落球点，能够控制球的部位与运球的方向，懂得护球手的应用。 体能目标：通过练习，发展学生的灵敏、协调、反应、力量等身体素质。 情感目标：充分发挥学生的积极性，培养学生顽强拼搏、不怕困难、团结合作、敢于竞争以及解放军吃苦耐劳的精神、劳动意识、分析问题、解决问题的能力等。
单元教学规划图	

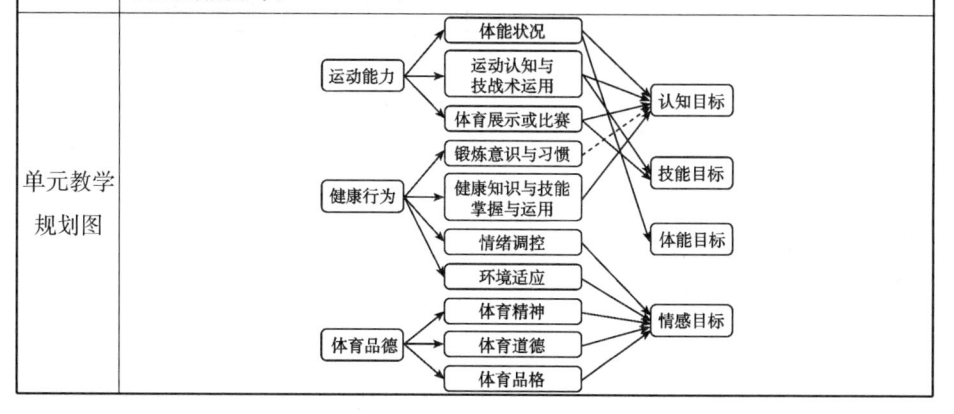

二、单元课时设计

第一课时（设计：林益鸿、蔡海权）

【课时内容】

如何掌握正确的按拍球部位与运球方向？

【课型】

种子课

【课时目标】

认知目标：通过练习，95％的学生能了解行进间运球的基本动作要领和劳动常识。

技能目标：通过练习，85％的学生能掌握手指控制球的部位与运球的方向。

体能目标：通过练习，发展学生的灵敏、协调、反应、力量等身体素质。

情感目标：充分发挥学生的积极性，培养学生的合作能力、竞争意识和劳动意识以及解放军吃苦耐劳的精神，提高对篮球的兴趣。

【教学实施路线图】

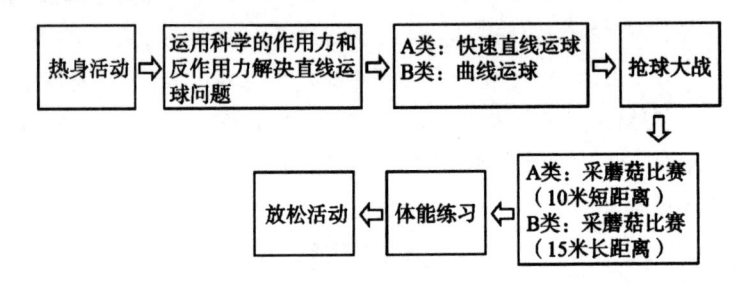

热身活动 → 运用科学的作用力和反作用力解决直线运球问题 → A类：快速直线运球 / B类：曲线运球 → 抢球大战 ⇩ 放松活动 ← 体能练习 ← A类：采蘑菇比赛（10米短距离） / B类：采蘑菇比赛（15米长距离）

活动过程	教师活动	学生活动	学习评价
活动一： 练习内容：慢跑、热身操 【设计意图】通过练习，拉伸肌肉，调整运动状态，避免损伤。	教师领做。	学生跟做。	能跟着音乐，调整呼吸，充分拉伸。

续表

活动过程	教师活动	学生活动	学习评价
活动二： 运用物理的作用力和反作用力解决直线运球问题（跨科学学科） 【设计意图】通过科学知识使学生明白按拍球的部位，并通过练习，掌握正确的按拍球部位，发展协调等身体素质和对球体的感知能力。	教师讲解示范，并巡回指导。	练习次数：4－6次（每次休息1分钟）。 练习要求：用手指按压球的后上方。 时间要求：A类6－8分钟，B类4－6分钟。	练习次数达到4次获得1颗星、5次2颗星、6次3颗星。 自我评价达到练习要求获得2颗星、没达到1颗星。 棒：2颗☆ 很棒：3－4颗☆ 非常棒：5颗☆
活动三： A类快速直线运球 B类曲线运球 【设计意图】通过练习，进一步掌握手指控制球的部位与运球方向。	教师讲解示范，并巡回指导。	练习次数：5－7次（每次休息1分钟）。 练习要求：A类：进一步掌握正确的按拍球部位。 B类：进一步掌握手指控球运球方向的能力。 时间要求：8－10分钟。	练习次数达到5次获得1颗星、6次2颗星、7次3颗星。 自我评价达到练习要求获得2颗星、没达到1颗星。 棒：2颗☆ 很棒：3－4颗☆ 非常棒：5颗☆
活动四： 抢球大战 【设计意图】通过练习，初步建立保护球的意识，掌握护球手的应用，培养反应力。	教师讲解示范，并巡回指导。	练习次数：3－5次（每次休息1分钟）。 练习要求：掌握护球手的应用与反应能力。 时间要求：6－8分钟。	练习次数达到3次获得1颗星、4次2颗星、5次3颗星。 自我评价达到练习要求获得2颗星、没达到1颗星。 棒：2颗☆ 很棒：3－4颗☆ 非常棒：5颗☆

续表

活动过程	教师活动	学生活动	学习评价
活动五： A类：采蘑菇比赛（10米短距离） B类：采蘑菇比赛（15米长距离） （跨劳动学科） 【设计意图】通过练习，进一步掌握手指控制球的部位与运球方向。模仿体力劳动，发展学生体能的同时，提高劳动意识与能力。	教师讲解示范，并巡回指导。	练习次数：3—5次（每次休息1分钟）。 练习要求：进一步掌握手指控制球的部位与运球方向并且能够较快地完成。 时间要求：6—8分钟。	练习次数达到3次获得1颗星、4次2颗星、5次3颗星。 自我评价达到练习要求获得2颗星、没达到1颗星。 棒：2颗☆ 很棒：3—4颗☆ 非常棒：5颗☆
活动六： 体能1： 练习内容：来回并步 A类10米 B类15米 【设计意图】通过练习，初步掌握篮球基本步法，发展腿部力量等身体素质。 体能2： 练习内容：登山跑 【设计意图】通过练习发展手部、腹部、腿部力量等身体素质。	教师讲解示范，并巡回指导。	体能1： 练习次数：3—5组（每次休息1分钟）。 体能2： A类： 2—3组，每组15—20次。（组间休息2分钟） B类： 3—4组，每组15—20次。（组间休息2分钟） 练习要求：体能1 双腿弯曲，腰部挺直，两脚与肩同宽。 体能2 腰部挺直，蹬地有力，交替迅速。	体能1：练习次数达到3组获得1颗星、4组2颗星、5组3颗星。 体能2：练习次数达到2组获得1颗星、3组2颗星、4组3颗星。 自我评价达到练习要求获得2颗星、没达到1颗星。 棒：3—4颗☆ 很棒：5—6颗☆ 非常棒：7—8颗☆

续表

活动过程	教师活动	学生活动	学习评价
活动七： 练习内容：放松活动 【设计意图】通过练习，放松肌肉，缓解疲劳，避免损伤。	教师领做。	学生跟做。	充分放松获得1颗星。

第二课时（设计：林益鸿、蔡海权）

【课时内容】

如何进一步掌握正确的运球部位和护球手的应用

【课型】

生长课

【课时目标】

认知目标：通过练习，95％的同学能进一步了解行进间运球的基本动作要领和交通安全知识。

技能目标：通过练习，85％的同学能进一步掌握正确的运球部位和护球手的应用。

体能目标：通过练习，发展学生的协调、速度、耐力、力量等身体素质。

情感目标：充分发挥学生的积极性，培养顽强拼搏、不怕困难的精神以及交通安全知识。

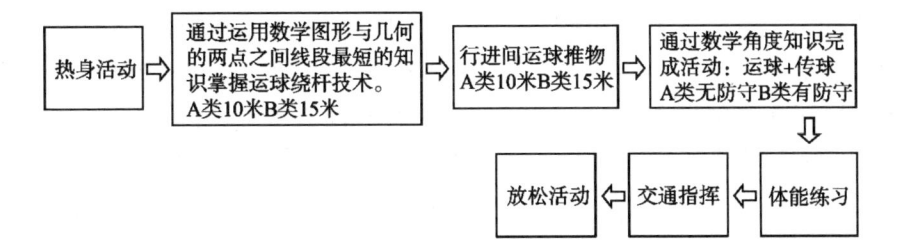

【教学实施路线图】

热身活动 ⇒ 通过运用数学图形与几何的两点之间线段最短的知识掌握运球绕杆技术。A类10米B类15米 ⇒ 行进间运球推物 A类10米B类15米 ⇒ 通过数学角度知识完成活动：运球+传球 A类无防守B类有防守 ⇓ 体能练习 ⇐ 交通指挥 ⇐ 放松活动

活动过程	教师活动	学生活动	学习评价
活动一： 练习内容：慢跑、热身操 【设计意图】通过练习，拉伸肌肉，调整运动状态，避免损伤。	教师领做。	学生跟做。	能跟着音乐，调整呼吸，充分拉伸。
活动二： 练习内容：通过运用数学图形与几何的两点之间线段最短的知识掌握运球绕杆技术。 A类10米，B类15米。 （跨数学学科） 【设计意图】通过运用数学图形与几何的两点之间线段最短的知识，让学生在贴杆绕行的过程中，体会曲线运球时按拍球的部位，掌握正确的运球路线。	教师讲解示范，并巡回指导。	练习次数： 3－5次（每次休息1分钟） 练习要求： 过障碍物时重心降低，拍按球的侧后上方。 时间要求： 8－10分钟。	练习次数达到3次获得1颗星、4次2颗星、5次3颗星。 自我评价达到练习要求获得2颗星、没达到1颗星。 棒：2颗☆ 很棒：3－4颗☆ 非常棒：5颗☆
活动三： 练习内容：行进间运球推物。 A类10米 B类15米 【设计意图】强化非运球手的护球和进攻能力。	教师讲解示范，并巡回指导。	练习次数： 3－5组（组间休息1分钟）。 练习要求： 在动态行进中能够强化非运球手的护球和进攻能力。 时间要求： 6－8分钟。	练习次数达到3组获得1颗星、4组2颗星、5组3颗星。 自我评价达到练习要求获得2颗星、没达到1颗星。 棒：2颗☆ 很棒：3－4颗☆ 非常棒：5颗☆

续表

活动过程	教师活动	学生活动	学习评价
活动四： 练习内容：通过数学角度知识完成活动：运球＋传球。 A类无防守 B类有防守 （跨数学学科） 【设计意图】通过创设比赛情境，让学生选择传球方式将球传出，使学生获得丰富的体验，提高技战术水平，培养学生分析、解决问题的能力。	教师讲解示范，并巡回指导。	练习次数： 5－7组（组间休息1分钟） 练习要求： 从实战出发提高运球能力，并能够较好地和传球技术结合。 时间要求： 12－15分钟。	练习次数达到3组获得1颗星、4组2颗星、5组3颗星。 自我评价达到练习要求获得2颗星、没达到1颗星。 棒：2颗☆ 很棒：3－4颗☆ 非常棒：5颗☆
活动五： 体能1： 练习内容：折返跑 A类10米 B类15米 【设计意图】通过练习，发展学生的耐力、速度等身体素质。 体能2： 练习内容：深蹲 【设计意图】通过练习，发展学生的下肢力量等身体素质。	教师讲解示范，并巡回指导。	体能1 练习次数： 3－5组，每组4个来回（每次休息1分钟）。 体能2 A类3－5组，每组15－20次。（组间休息2分钟） B类3－5组，每组15－20次。（组间休息2分钟） 练习要求： 体能1：移动快速、变向迅速。 体能2：伸臂伸直、腰部挺直，要蹲到位。 时间要求： 12－15分钟。	体能1：练习次数达到3组获得1颗星、4组2颗星、5组3颗星。 体能2：练习次数达到3组获得1颗星、4组2颗星、5组3颗星。 自我评价达到练习要求获得2颗星、没达到1颗星。 棒：3－4颗☆ 很棒：5－6颗☆ 非常棒：7－8颗☆

续表

活动过程	教师活动	学生活动	学习评价
活动六： 练习内容：交通指挥 【设计意图】通过听、看交通指令完成相应的动作，提高学生的反应能力和运球技术，培养学生的交通安全意识。	教师讲解示范，并巡回指导。	练习时间： 5—10分钟。 练习要求： 认真听、看指令，准确做出运球动作。	练习次数达到5—6分钟获得1颗星、7—8分钟2颗星、9—10分钟3颗星。 自我评价达到练习要求获得2颗星、没达到1颗星。 棒：2颗☆ 很棒：3—4颗☆ 非常棒：5颗☆
活动七： 练习内容：放松活动 【设计意图】通过练习，放松肌肉，缓解疲劳，避免损伤。	教师领做。	学生跟做。	充分放松，获得一颗星。

第三课时（设计：林益鸿、蔡海权）

【课时内容】

如何正确地掌握不同的运球方向和控球的能力？

【课型】

拓展课

【课时目标】

认知目标：通过练习，95%的同学能熟练掌握行进间运球的动作要领，初步掌握比赛规则和运用数学知识统计的能力。

技能目标：通过练习，85%的同学能掌握不同的运球方向和控球的能力并尝试比赛。

体能目标：通过练习，发展学生的协调、反应、速度、力量等身体素质。

情感目标：充分发挥学生的积极性，培养学生的规则意识以及正确的胜负观。

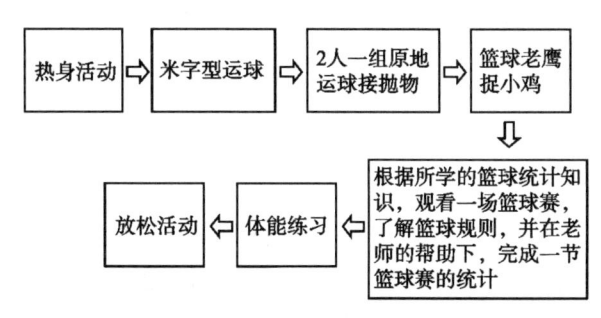

【教学实施路线图】

热身活动 ⇒ 米字型运球 ⇒ 2人一组原地运球接抛物 ⇒ 篮球老鹰捉小鸡 ⇒ 根据所学的篮球统计知识，观看一场篮球赛，了解篮球规则，并在老师的帮助下，完成一节篮球赛的统计 ⇐ 体能练习 ⇐ 放松活动

活动过程	教师活动	学生活动	学习评价
活动一： 练习内容：慢跑、热身操。 【设计意图】通过练习，拉伸肌肉，调整运动状态，避免损伤。	教师领做。	学生跟做。	能跟着音乐，调整呼吸，充分拉伸。
活动二： 练习内容：米字型运球。 【设计意图】通过练习熟练掌握手指控制球方向的能力，提高身体的协调配合与控球能力。	教师讲解示范，并巡回指导。	练习次数： A类3－5组。 B类4－6组（组间休息1分钟）。 练习要求： 准确的按拍球部位和全身协调发力。 时间要求： 6－8分钟。	练习次数达到3组获得1颗星、4组2颗星、5组3颗星。 自我评价达到练习要求获得2颗星、没达到1颗星。 棒：2颗☆ 很棒：3－4颗☆ 非常棒：5颗☆

续表

活动过程	教师活动	学生活动	学习评价
活动三： 练习内容：2人一组原地运球接抛物。 【设计意图】通过练习加强护球手的应用，提高技战术水平，培养团结合作的精神，增进情感。	教师讲解示范，并巡回指导。	练习次数： 组数3—5组（组间休息1分钟）。 A类 10—15次 B类 15—20次 练习要求： 在接和抛物体的同时保证运球的基本姿势稳定。 时间要求： 8—10分钟。	练习次数达到3组获得1颗星、4组2颗星、5组3颗星。 自我评价达到练习要求获得2颗星、没达到1颗星。 棒：2颗☆ 很棒：3—4颗☆ 非常棒：5颗☆
活动四： 练习内容：篮球老鹰捉小鸡。 【设计意图】提高身体与球的协调配合及反应能力，培养团队合作能力。	教师讲解示范，并巡回指导。	练习次数： 组数3—5组（组间休息1分钟）。 练习要求： 运球稳定，躲闪反应及时，团队协调配合。 时间要求： 8—10分钟。	练习次数达到3组获得1颗星、4组2颗星、5组3颗星。 自我评价达到练习要求获得2颗星、没达到1颗星。 棒：2颗☆ 很棒：3—4颗☆ 非常棒：5颗☆
活动五： 体能1 练习内容：纵跳摸高。 【设计意图】通过练习，发展学生的弹跳能力和腿部力量等身体素质。	教师讲解示范，并巡回指导。	体能1 练习次数： 2—4组（每组休息1分钟） A类 15—20下 B类 20—30下 体能2 练习次数： 2—4组（每组休息1分钟）	体能1：练习次数达到2组获得1颗星、3组2颗星、4组3颗星。 体能2：练习次数达到2组获得1颗星、3组2颗星、4组3颗星。

续表

活动过程	教师活动	学生活动	学习评价
体能2 练习内容：开合跳。 【设计意图】通过练习，发展学生的上下肢力量和协调能力等身体素质。		A类 15－20下 B类 20－30下 练习要求： 体能1 起跳有力，手脚协调配合。 体能2 蹬地有力、落地轻巧，手脚协调配合。 时间要求： 12－15分钟。	自我评价达到练习要求获得2颗星、没达到1颗星。 棒：3－4颗☆ 很棒：5－6颗☆ 非常棒：7－8颗☆
活动六： 练习内容：根据所学的篮球统计知识，观看一场篮球赛，了解篮球规则，并在老师的帮助下，完成一节篮球赛的统计。 【设计意图】培养学生运用规则观看比赛以及观察统计的能力。	教师讲解，并巡回指导。	学生根据要求进行统计。 练习时间：15－30分钟。 练习要求：认真观看，学会思考、分析、总结。	能正确统计一个数据获得一颗星、两个数据两颗星、三个数据三颗星、三个以上五颗星。 棒：1－2颗☆ 很棒：3－4颗☆ 非常棒：5颗☆
活动七： 练习内容：放松活动。 【设计意图】放松肌肉，避免损伤。	教师领做。	学生跟做。	充分放松，获得一颗星。

第五节　以大概念为本的道德与法治单元教学设计

三年级上册第四单元　家是最温暖的地方

一、单元整体设计（设计：施赵婧、陈慧玲、徐璐）

本单元大概念	大概念：在家的温暖中感受爱，学会爱父母、爱家庭，加深对中国家庭传统文化的了解。 　　理由一：三年级上册第四单元《家是最温暖的地方》，旨在引导学生体会父母对自己的爱，理解和接纳父母表达爱的方式。 　　理由二：了解父母，以力所能及的方式表达对父母的爱；了解自己家史，提高对"家庭"是组成社会的基本单位的认识以及加深对中国家庭传统文化的了解。 　　理由三：从"核心素养学段表现"中"道德修养"层面来看，学生应努力形成良好的个人品德、家庭美德，在家庭做一个好成员。
学习内容分析	本单元共三课，分别是《父母多爱我》《爸爸妈妈在我心中》《家庭的记忆》。《父母多爱我》侧重讲父母对子女的爱，引导学生体会父母的爱无处不在，尝试走进父母的内心世界，加深对父母的理解，能够接纳父母对自己爱的表达方式。《爸爸妈妈在我心中》侧重讲子女对父母的爱，引导学生多了解父母、体贴父母，并将自己对父母的爱落实在行动中。《家庭的记忆》是引导学生了解家庭这一基本的社会单位，了解自己家庭的历史、变迁，进而体会中国人重视家庭的文化传统。
课标依据	《义务教育道德与法治新课程标准（2022年版）》对"在家的温暖中感受爱，学会爱父母、爱家庭，加深对中国家庭传统文化的了解"的大概念在"学段目标""课程内容""学业质量描述"中的具体要求如下： 　　核心素养内涵中"道德修养"层面，要求第二学段（3—4年级）"孝敬父母，尊重师长，体会父母的养育之恩和师长的辛劳"。(P12)

续表

	学习主题"道德教育"的内容要求"关心家庭生活，主动分担家务劳动"。（P22） 　　学习主题"中华优秀传统文化与革命传统教育"的内容要求"感受父母长辈的养育之恩，以恰当的方式表达对他们的感激、尊敬和关心"。（P25） 　　学习主题"中华优秀传统文化与革命传统教育"的内容要求"了解自己家庭的历史，知道弘扬优秀家风的意义，初步体会中国人的家庭观念"。（P25） 　　学业质量描述"关心家庭，积极分担家务劳动"。（P44）
学情分析	认知起点：我校地处沿海经济较发达地区，有"国外华侨多、域外办厂多"的地域特点，存在两个让人担忧的现象：留守儿童多、隔辈带娃多。由于父母长期不在子女身边或者父母忙于工作陪伴较少，子女对父母的了解并不深，不清楚怎样去爱父母，对"家"的概念比较淡薄，为此要引导他们感受、体验、浸润"家文化"，从而树立正确的家庭观。 　　认知特点：三年级的学生知道父母爱他们，但容易忽视父母日常生活细节中付出的爱，对父母之爱的表达方式，有误解和不能体察的问题，需要引导他们用行动去爱父母，学会表达。
单元目标	【R310401】能够从细微处发现父母的爱，提高对爱的感受能力；尝试走进父母的内心世界，理解父母爱子女的方式。 　　【R310402】加深对父母的了解，懂得体谅父母的辛苦与付出；认识到回报父母的重要性，懂得感恩与回报父母，学会用行动去爱父母。 　　【R310403】了解并熟悉家庭成员之间的关系和称呼，了解自己家庭的过去；从传统节日和语言文字中感受中国人重视家庭的传统观念，学会爱家庭。

以大概念为本的大单元教学实践探索

续表

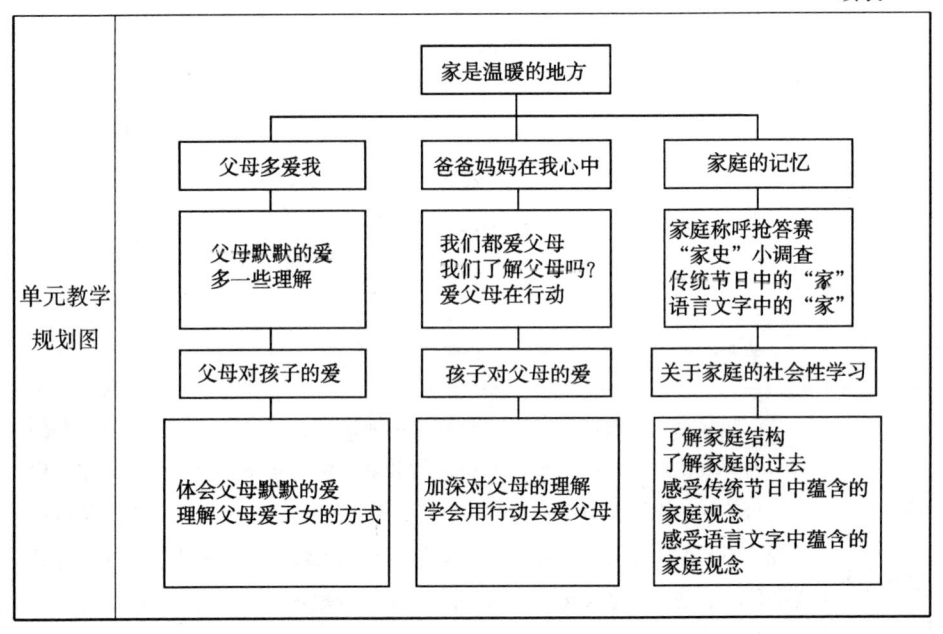

单元教学规划图	家是温暖的地方

```
                        家是温暖的地方
            ┌───────────────┼───────────────┐
        父母多爱我        爸爸妈妈在我心中      家庭的记忆
            │               │               │
        父母默默的爱     我们都爱父母       家庭称呼抢答赛
        多一些理解       我们了解父母吗？    "家史"小调查
                        爱父母在行动       传统节日中的"家"
                                          语言文字中的"家"
            │               │               │
        父母对孩子的爱    孩子对父母的爱    关于家庭的社会性学习
            │               │               │
        体会父母默默的爱  加深对父母的理解   了解家庭结构
        理解父母爱子女的方式 学会用行动去爱父母 了解家庭的过去
                                          感受传统节日中蕴含的
                                          家庭观念
                                          感受语言文字中蕴含的
                                          家庭观念
```

二、单元课时设计

第一课时

【课时内容】

父母多爱我

【课型】

种子课

【课时目标】

围绕"在家的温暖中感受爱，学会爱父母，爱家庭，加深对中国家庭传统文化的了解"这一大概念设定，结合单元目标设定以下目标：

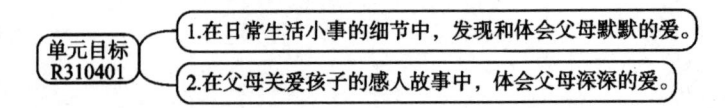

单元目标 R310401
1.在日常生活小事的细节中，发现和体会父母默默的爱。
2.在父母关爱孩子的感人故事中，体会父母深深的爱。

214

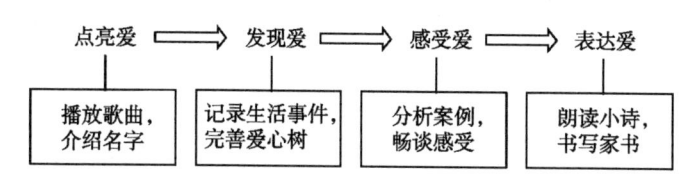

【教学实施路线图】

点亮爱 ➡ 发现爱 ➡ 感受爱 ➡ 表达爱

- 播放歌曲，介绍名字
- 记录生活事件，完善爱心树
- 分析案例，畅谈感受
- 朗读小诗，书写家书

活动过程	教师活动	学生活动	学习评价
环节一：爱的显示屏，点亮爱 【设计意图】以大单元的视角切入主题，再从熟悉自己的名字入手，引导学生走向名字的背后。一个小小的代号里蕴含着父母多少的期望祝福，由此引出讨论的话题。由这些熟悉的生活细节中体悟父母长辈对自己的关爱。	1. 播放歌曲《让爱住我家》。 2. 揭示单元主题，引出授课内容。 3. 抛砖引玉，引导学生介绍名字背后的故事。	1. 听歌曲，感受歌曲中传递的情感。 2. 学生读单元任务，明确主题。 3. 学生分享名字背后的故事并谈感受。	（落实课时目标1）学生能大胆交流，介绍自己名字背后的故事，感受父母的殷切期待和美好祝福。
环节二：爱的捕捉器，发现爱 【设计意图】课前布置学生记录父母为我们做的事，旨在让学生学会留心生活。课堂上，通过交流分享父母为我们做的事，并对做得最多的事进行标注，引导学生探究	1. 出示课前任务，捕捉生活小事，分享父母做的最令自己感动的一件事。 2. 出示爱心树，请学生完善爱心树，相机交流发现。	1. 小组合作探究，分工合作完成小组任务。 2. 填写爱心树，汇报展示互相交流。懂得父母之爱无处不在，无时不在，需要我们细心去发现这份平凡的爱。	（落实课时目标1）回想、观察、联系生活中的大事小事，体会父母对自己的关爱和无微不至的照顾。

续表

活动过程	教师活动	学生活动	学习评价
父母为子女所做的日常事件背后的意义。启发学生用心发现爸爸妈妈的爱藏在点滴小事中。			
环节三：爱的放大镜，感受爱 【设计意图】通过观看故事、图片、视频等，引导学生由事件现象看到其背后的爱，接着由他人的生活迁移到自己的生活，让学生回忆自己父母做过最让自己感动的故事，在情感倾诉与交流中进一步感受到父母深深的爱。	1. 用上爱的放大镜，分析案例《妈妈喜欢吃鱼头》。 2. 出示三个场景，引导学生边看边思考：父母的爱还藏在哪儿？是怎么感受到的？ 3. 进行爱的分享会，了解父母之爱既平凡又伟大。 4. 相机播放学生父母的视频，进一步感受父母伟大而深沉的爱。	1. 观看视频畅谈收获。 2. 通过几个场景的观察，感受爱。 3. 学生交流，并回望、分享自己的相关经历。 4. 学生观看视频和照片，表达自己的心声。	（落实课时目标1） 1. 能够根据材料中的事例，体会材料中妈妈对孩子的爱。 2. 观看视频后，可以大胆交流，表达看法及感受。 3. 分享自身经历，畅谈自己的感受及体会，吐露心声。
环节四：爱的留声机，表达爱 【设计意图】通过书写家书，进行课后跨学科实践活动，延伸导行，做到学以致用，知行合一。	1. 爱的小诗《妈妈的爱》，播放音频。 2. 引导学生不仅要关注母爱，还要关注父爱。 3. 明确课后任务：预学语文第七单元信件格式，尝试给	1. 生个别读，齐读。 2. 探讨从诗歌中了解到什么，悟到什么？生悟出爸爸妈妈深爱着我们，我们也要回应和付诸行动来爱父母，让爱流动起来，让	（落实课时目标2） 1. 能有感情地朗读小诗，体会诗中情，抒发各自的感受。 2. 能尝试用书信格式，给爸爸或者妈妈写一封家书。

216

续表

活动过程	教师活动	学生活动	学习评价
	父母写一封信,先表达感激之情,再将亲子关系中的困惑向父母表露,可以针对父母生活中的小缺点向父母提出合理建议。	爱永恒住我家,让家成为最温暖的地方。 3. 听取课后任务要求,明确自己的任务。	

第二课时

【课时内容】

父母多爱我

【课型】

生长课

【课时目标】

围绕"在家的温暖中感受爱,学会爱父母,爱家庭,加深对中国家庭传统文化的了解"这一大概念设定,结合单元目标设定以下目标:

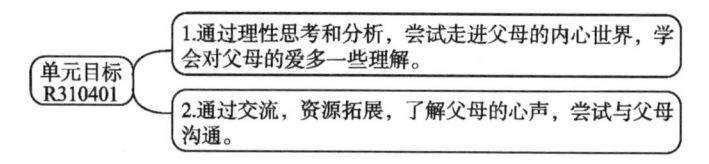

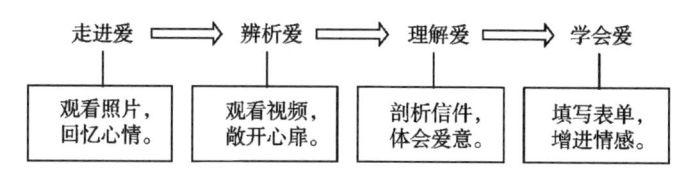

单元目标
R310401
1.通过理性思考和分析,尝试走进父母的内心世界,学会对父母的爱多一些理解。
2.通过交流,资源拓展,了解父母的心声,尝试与父母沟通。

【教学实施路线图】

走进爱 ⟹ 辨析爱 ⟹ 理解爱 ⟹ 学会爱

观看照片,回忆心情。　观看视频,敞开心扉。　剖析信件,体会爱意。　填写表单,增进情感。

217

活动过程	教师活动	学生活动	学习评价
环节一：爱的回忆册，走进爱 【设计意图】通过收集学生家庭合照制成的微视频，能极大地激发学生的学习兴趣，调动起学生的情绪情感，从而体会家庭的温馨与浓浓的爱意。	1. 播放照片集锦。 2. 提问：有没有熟悉的画面？当时你的心情如何？	1. 观看照片，引起共鸣。 2. 阐述画面中当下自己的心情。	（落实课时目标2） 学生能结合照片回忆生活中相似情境的事件并说出当时的心情。
环节二：爱的吐槽会，辨析爱 【设计意图】结合班级学生学情，链接学生生活，触发学生交流日常生活中父母令自己不理解的行为和做法，与活动一的内容形成情感冲突，引起共鸣，引发思考，为接下来的学习做好铺垫。	1. 播放音频：东东爸爸的信，提问：东东爸爸的爱具体表现在哪里？ 2. 出示小组任务单：如果我是东东，我会这样做：_____。 3. 相机梳理理解的法宝：尝试沟通、换位思考、自我反省。 4. 邀请学生家长到场，互表心声。 5. 播放其他学生父母的视频，走进父母的内心世界。	1. 学生交流，东东爸爸的爱的表现。 2. 小组合作探究，分工合作完成小组任务。 3. 小组派代表汇报，梳理理解的法宝：尝试沟通、换位思考、自我反省。 4. 表露心声。 5. 体会：家是温暖的地方，家是需要维护和经营的，家人是需要包容和理解的。	（落实课时目标1） 分析东东爸爸的信，说出爱的表现体现在哪几个方面。 小组汇报时能大胆发言，说出自己的看法及感受，成员之间能相互补充。

续表

活动过程	教师活动	学生活动	学习评价
环节四：爱的助力器，学会爱 【设计意图】本环节帮助学生学以致用，引导学生把情感从意识层面落实到生活实际中去，解决具体问题。通过任务单，学生不仅明晰自身需改进之处，对父母的爱多一些理解，也对父母需改进的地方提出建议，促进家庭和谐。	1. 出示助力任务单，引导学生填写。 2. 以若干学生写的书信为例，面向集体展示。	1. 完成任务单填写。 2. 学生交流任务单内容，诊断同伴书信中的优点，并提出更加合理的改进建议，让父母易于接受。	（落实课时目标2） 通过任务单的填写，聚焦困惑，打开心结，增进孩子与父母之间的情感。

第三课时

【课时内容】

爸爸妈妈在我心中

【课型】

生长课

【课时目标】

围绕"在家的温暖中感受爱，学会爱父母、爱家庭，加深对中国家庭传统文化的了解"这一大概念设定，结合单元目标制定以下目标：

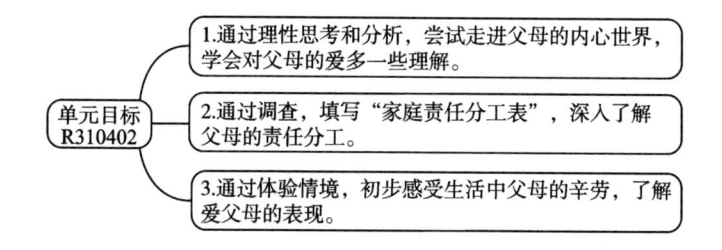

单元目标 R310402
1. 通过理性思考和分析，尝试走进父母的内心世界，学会对父母的爱多一些理解。
2. 通过调查，填写"家庭责任分工表"，深入了解父母的责任分工。
3. 通过体验情境，初步感受生活中父母的辛劳，了解爱父母的表现。

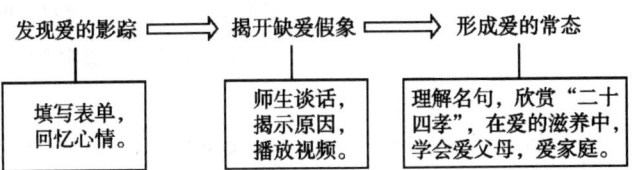

【教学实施路线图】

发现爱的影踪 ⇒ 揭开缺爱假象 ⇒ 形成爱的常态

- 填写表单，回忆心情。
- 师生谈话，揭示原因，播放视频。
- 理解名句，欣赏"二十四孝"，在爱的滋养中，学会爱父母，爱家庭。

活动过程	教师活动	学生活动	学习评价
环节一：实际调查，发现爱的踪迹 【设计意图】让学生知晓家庭分工情况，明白父母为家庭经济收入贡献自己的劳力，特别是了解到父亲担着家庭维修、重体力活等不可替代的任务。这个前置任务，让学生在探究中发现了父爱的踪迹。	1. 回顾旧知。懂得家是我们避风的港湾，我们深切地感受了父母的爱。那你认为你的爸爸爱你吗？说说你的发现及感受。 2. 厘清家庭各成员在家庭中所承担的责任。	1. 举手随机发言谈感受。 示例1："我的爸爸在外地上班，一个月才能回家一次。有一次半夜醒来，我看到爸爸正深情地看着我，现在想想他一定是不舍得离开我。爸爸真是太爱我了！" 示例2："我觉得爸爸没有华丽的言语，没有亲昵的动作，但他的爱是实实在在的！"还有的说："我发现了父亲的爱不在嘴边，不在手中，往往藏在我们看不到的繁忙的工作中。" 2. 共同小结：父母最爱我们，同时，我们也会心疼、担心和想念他们。在我们心里，他们也是我们最爱的人。但生活中，我们的爱往往"隔成纱"，爱的方式和缺乏了解、沟通让我们看不见爱的真面目。我们要学会透过现象看本质。	（落实课时目标2） 1. 能完成前置调查，通过询问，填写表格。 2. 了解各成员在家庭中所承担的责任，感受爱的存在。

续表

活动过程	教师活动	学生活动	学习评价
环节二：体验辛劳，揭开缺爱假象 【设计意图】在课后的调查中，笔者了解到：大部分的父亲为家庭付出的不比母亲少，但两方面原因让父爱进入了孩子们的感觉"盲区"。在唤醒学生知觉父爱的基础上，笔者组织"爸爸职业秀"课外体验活动。波兰尼认为，道德知识是"缄默的知识"，消化这些知识主要依赖体验、直觉和洞察力。在上述体验活动中，学生不仅以身体之，更以心感之，在深度体验中，他们爱的意识已被唤醒。	1. 师生谈话，发现学生普遍忽略父爱。 2. 教师引导：父亲和母亲犹如一对翅膀，在孩子的成长中发挥着不可分割的重要作用。 3. 为什么爸爸的爱容易被孩子忽略呢？揭示原因：其一，现在不少孩子在父母的过度关爱下，形成了以自我为中心的思维方式，只关注自己，看不到父母的辛劳；其二，父亲对孩子生活上的照顾相比母亲要少一些，家务方面干得也少一些，于是孩子更看不到父亲为家庭的付出。 4. 播放"爸爸职业秀"课外体验活动的视频。 5. 展示若干则具有代表性的日记，	1. 学生利用课余时间，走进爸爸的工作场所，观察爸爸工作时的状态，并通过文字、图片等形式记录下来。 2. 生生交流体验后，写下体验日记。 3. 学生示例： 示例1："我的爸爸是操作机床的一线工人。我发现操作机床很辛苦，要全神贯注才行，一旦操作失误，就会造成很大的经济损失。听工厂叔叔说爸爸为了能给家里多增加收入，经常主动申请加班。爸爸为我们这个家付出太多了！" 示例2："我的爸爸在菜市场卖菜，周六我当了一会儿'小老板'，和爸爸一起卖菜。一天下来，我累得都走不动路了。爸爸每天都要重复这些劳动，实在太辛苦了！" 示例3："我的爸爸是一名医生，找爸爸看病的人排成了长龙。爸爸连上厕所的时间都没有，中午匆匆	（落实课时目标3） 1. 学生利用课余时间，走进爸爸的工作场所，观察父母工作时的状态，并通过文字、图片等形式记录下来。 2. 能够按照小组划分，积极建言献策，做好汇报展示交流工作。

续表

活动过程	教师活动	学生活动	学习评价
	加以剖析，寻找共性。 6. 教师小结：听了同学们的介绍，老师很欣慰也很感动。因为你们能细致地去观察父母，能发现父母工作生活的辛劳，这样能帮助我们更好地了解他们，从而知道怎样去关心、关爱他们。	吃了饭，又开始工作。难怪爸爸回到家总是一脸疲惫的样子。" 示例4："我的妈妈叫李某某，今年32岁，妈妈是一名商场营业员，她对待顾客热情周到，总是笑眯眯的，但她每天都是站着工作，晚上回到家腰都弯不下了，还坚持给我们洗衣做饭，我很感动。"	
环节三：汇聚点滴，形成爱的常态 【设计意图】设计贴近学生生活的课后实践活动，引导学生不断提升爱的能力。对于小学生来讲，在行动上关爱父母并不是一件容易的事情，它是共情力、观察力、劳动力、合作力等多种能力的综合体现，这些都离不开家长的帮扶和指导。因此，教师和家长共同约定，	1. 课件出示："树欲静而风不止，子欲养而亲不待"，理解句意。 2. 播放莆田著名的"二十四孝"的故事。 3. 践行"我是父母小帮手""我是家庭理财师"的实践活动。 4. 展示关爱行动记录表，两个月之后，评选班级"最美孝心少年""父母好帮手"。	1. 生谈对诗句的理解。 2. 结合古今中外以及家乡"二十四孝"的故事，领悟"孝文化"的精神内涵，从而明白父母在日渐衰老，明晰自己身上的责任与担当。 3. 生深刻体会"我们既要有关爱父母的心，也要有关爱父母的行动"。 4. 为"最美孝心少年""父母好帮手"的评选活动，设计自己的践行计划表。 5. 师生共同小结：中华民族是一个非常重视家庭	（落实课时目标1） 能够联系自身情况，落实"爱父母，在行动"，以实际行动向父母表达爱，分担家庭责任，爱自己的家庭，树立正确的家庭观，构建幸福、美好、

活动过程	教师活动	学生活动	学习评价
把鼓励学生的关爱行为作为家庭日常生活的一部分，每天坚持去做。为此，我们还设计了关爱行动记录表，以跟踪指导，并通过评选"最美孝心少年""父母好帮手"等激励措施，不断增强学生的获得感。学生在每天为父母做事的练习中，丰富爱的体验，提高爱的能力，让爱成为常态。		的民族，尊老爱幼，孝敬师长也是中华民族的传统美德重要构成部分，同学们通过亲情调查，更加深入地了解了父母的生活工作情况，感受到了父母的辛苦，同时也知道了我们能通过问候，照顾生病的亲人，做力所能及的家务活等行动表达我们对父母的爱，关心家庭生活，分担家庭责任。	和谐的家庭氛围。

第四课时

【课时内容】

家庭的记忆

【课型】

拓展课

【课时目标】

围绕"在家的温暖中感受爱，学会爱父母，爱家庭，加深对中国家庭传统文化的了解"这一大概念设定，结合单元目标制定以下目标：

单元目标 R310403
1.能通过采访、调查、查阅史料等方式了解家庭的过去。
2.产生对家庭爱的情感和对家的归属感。

【教学实施路线图】

话"家"情 ⟹ 悟"家"情 ⟹ 筑"家"情

- 观看视频谈感受，联系经历。
- 诗歌填空，感受亲情无价。
- 了解春运，展示年夜饭，感受家的温暖。产生对家庭爱的情感和对家的归属感。

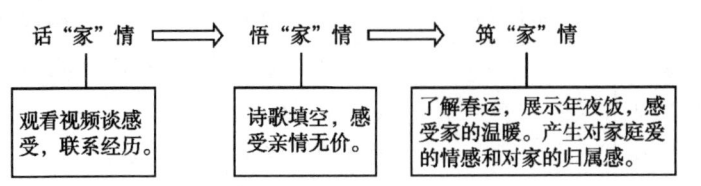

活动过程	教师活动	学生活动	学习评价
环节一：诗文话"家"情 【设计意图】让学生从文字中感到中国重视家庭的传统观念，这也是中华美德的重要部分。因此，在教育目的上，我们要以儿童为主体进行中华传统文化教学，提升儿童文化素养，以及研究中华优秀传统文化对学生生活产生的真实影响。	1. "人有悲欢离合，月有阴晴圆缺，此事古难全"。我们每个人的家庭生活当中难免也会有些不如意，让我们一起来观看一段视频《留守儿童日记》，体会其中的感情，然后谈谈观看视频之后的感受。 2. 你有思念亲人的经历吗？说一说，你能联想到哪些表达思念之情的诗句？	1. 生交流，示例："举头望明月，低头思故乡。" "独在异乡为异客，每逢佳节倍思亲。" "离别家乡岁月多，近来人事半消磨。" "春风又绿江南岸，明月何时照我还。" ……	（落实课时目标2） 能够从诗文中体会"思乡"这一中国古老的"情结"。体会文字背后浓厚的情感。
环节二：家书悟"家"情 【设计意图】这个部分是语言文字中的"家"这一板块的重点。首先关照儿童的生活，调动学生的生活体验，促进儿童的发展；其次以传统"诗"文化	1. 出示：唐代诗人白居易所写的《望驿台》中的两句，"两处春光同日尽，居人（ ）客客（ ）家。" 2. 请学生试着来填一填这两个字，这是谁在思念谁呢？ 3. 提出问题："家书"是远在他乡的人与家	1. 看题目，思考。 2. 生尝试填空，交流。 3. 探讨家书内容。 4. 体会思念是相互的，亲情是无价的！	（落实课时目标1） 能从家书中感受到亲情的无价和珍贵。

续表

活动过程	教师活动	学生活动	学习评价
为契机，深化家人间爱的意义。这里诗句的选择和增加让教材内容得到拓展，课堂更加灵动起来。	人相互往来的信，它和汉字一样，有着几千年的历史。家书中一般都会写些什么呢？ 4. 家书比较多的都是平安信。（展示曾国藩家书、傅雷家书） 5. 杜甫《春望》这首诗中说"家书比万两黄金还要值钱"，为什么会这样说呢？		
环节三：节日筑"家"情 【设计意图】教材选择了一个既蕴含重要传统价值，又是儿童感兴趣的点，即"年夜饭"，又称"团圆饭"。这些是我们的学生所经历过的，也能体验到的。融入自己已有的情感，对于他们再去体会背着行囊、挤在人群中，满脸风尘、一身疲惫的春运背后，会有更多对家的感悟与认识。提到中国家文化的"烟火味"，不得不提中国的饮食文化。当中华优秀传统	1. 中国的春运，可谓世界上独一无二的景观。而这个景观的背后，流淌的却是最有中国味的浓浓亲情。你从春运时人们拥挤的身影和喜悦、期盼、焦灼等更多样的神情中感受到怎样的情感？你有这样的经历吗？谈谈你的感受。 2. 出示人们团聚的家宴等图片：一碗热腾腾的汤圆，一锅香气扑鼻的饺子，一桌各式菜肴，一个真情碰杯，互相祝福的动作，一个热情拥抱、阖家团圆的场景……	1. 生谈观看春运图片的感受。 2. 回想春节的热闹场景。 3. 关联特色菜肴：红烧鲤鱼代表年年有余、红焖大虾寓意笑口常开……通过连线的小游戏，让学生了解到年夜饭上的美食表达着对家人的祝福，对美好生活的祈盼。如：冰糖莲藕——路路畅通；上汤白菜——白（百）财如意……	（落实课时目标2） 1. 通过拍照和画画的形式，增强对特色年夜菜品的了解，知晓特色菜的深刻内涵。 2. 通过表演和观察，了解"家文化"的内涵，体会文化是民族的血脉，是人民的精神家园。文化自信是更基本、更深层、更持久的力量。我们的学生在课

225

续表

活动过程	教师活动	学生活动	学习评价
文化的教学关注到了学生的生活，通过贴近儿童生活的活动，拉近传统文化与儿童生活的距离，在具体的生活场景中理解传统文化，感受传统文化的内核精神，提升中华优秀传统文化教学的实效性，是文化育人核心要义的践行与落地。	3. 年夜饭，品家情。课前布置学生拍照或动笔画一画自家年夜饭上最好吃、最特别的一道菜，说一说它特别在哪里？ 4. 请学生上台展示出精美菜品，并说出这道菜的寓意和祝福。 5. 年夜饭，话家风。通过角色扮演，师生台上合作再现年夜饭用餐情景。 6. 回扣诗文，展示《清平乐·村居》——"茅檐低小，溪上青青草。醉里吴音相媚好，白发谁家翁媪？大儿锄豆溪东，中儿正织鸡笼。最喜小儿亡赖，溪头卧剥莲蓬"。 引导：这是宋代大词人辛弃疾的词作。此词描绘了农村一个五口之家的环境和生活画面。你觉得家的温暖又是什么呢？	4. 台下其他学生发现某些行为不当时，及时指出并予以纠正，大家可以在参与活动时学会年夜饭用餐礼仪。 5. 知道当家人团聚时，应该做到尊敬长辈、长幼有序。懂得这些口口相传的规矩，是中国人重视家庭的体现，是良好家风的传承。 6. 小组汇报说出菜品背后浓厚的寓意。 7. 欣赏小品。 8. 欣赏诗文。感受家的温暖，就是一家人的欢声笑语、和谐宁静的生活。	堂的传统文化浸润中，深深领会了其中的家国情怀。中华文化独一无二的理念、智慧、气度、神韵，增添了学生内心深处身为中国人的自信和自豪。

图书在版编目（CIP）数据

以大概念为本的大单元教学实践探索/莆田市实验小学编写．—福州：福建教育出版社，2024.7
（"新时代课堂教学深化改革"丛书/余文森，陈国文主编）
ISBN 978-7-5334-9955-6

Ⅰ．①以… Ⅱ．①莆… Ⅲ．①课堂教学－教学改革－小学 Ⅳ．①G622.421

中国国家版本馆 CIP 数据核字（2024）第 090516 号

"新时代课堂教学深化改革"丛书

丛书主编　余文森　陈国文

Yi Dagainian Weiben De Dadanyuan Jiaoxue Shijian Tansuo

以大概念为本的大单元教学实践探索

莆田市实验小学　编写

出版发行	福建教育出版社
	（福州市梦山路 27 号　邮编：350025　网址：www.fep.com.cn
	编辑部电话：0591-83779615　83726908
	发行部电话：0591-83721876　87115073　010-62024758）
出 版 人	江金辉
印　　刷	福州报业鸿升印刷有限责任公司
	（福州市仓山区建新镇建新北路 151 号　邮编：350082）
开　　本	710 毫米×1000 毫米　1/16
印　　张	15
字　　数	275 千字
版　　次	2024 年 7 月第 1 版　2024 年 7 月第 1 次印刷
书　　号	ISBN 978-7-5334-9955-6
定　　价	45.00 元

如发现本书印装质量问题，请向本社出版科（电话：0591-83726019）调换。